普通高等教育通识类课程"十三五"规划教材

"互联网+"大学生创新创业入门

主　编　陈虹宇　曹　颖

副主编　高薇冬　付　芬　张　艳

中国水利水电出版社
www.waterpub.com.cn

·北京·

内 容 提 要

在深化高等学校创新创业教育改革的大背景下,全国各高校已经对全面开展创新创业教育达成了共识。在创新创业课程教学中我们要解决的问题主要有:为什么教创新创业?创新创业可以教什么?创新教育教什么?创业教育教什么?如何教学生创业?如何教学生创新?谁来教创新创业?解决了这一系列问题,我们的课程上起来就容易多了。

本书从认识自我、认识创业着手,让学生对"互联网+"环境下大学生创新创业的突破点有所了解。重点内容主要从大学生创新思维的培养、创业机会的识别入手,着重阐述了创业机会识别、风险评估、商业模式设计、创业团队管理、创业资源整合、将互联网思维融入传统创业理念、创业计划书撰写、创业项目路演等环节以帮助大学生对创新、创业有初步的了解。本书采用真实的案例导入方式,从初创小企业的特点出发,帮助大学生快速概览初创小企业面临的主要问题,以及利用先进的互联网技术对传统行业的商业模式进行创新,以帮助大学生梳理问题和提升创新创业理念。

图书在版编目（CIP）数据

"互联网+"大学生创新创业入门 / 陈虹宇,曹颖主编. -- 北京:中国水利水电出版社,2018.8（2019.12重印）
普通高等教育通识类课程"十三五"规划教材
ISBN 978-7-5170-6669-9

Ⅰ. ①互… Ⅱ. ①陈… ②曹… Ⅲ. ①大学生－创业－高等学校－教材 Ⅳ. ①G647.38

中国版本图书馆CIP数据核字(2018)第171336号

策划编辑:寇文杰　　责任编辑:张玉玲　　加工编辑:王玉梅　　封面设计:李 佳

书　　名	普通高等教育通识类课程"十三五"规划教材 "互联网+"大学生创新创业入门　"HULIANWANG+" DAXUESHENG CHUANGXIN CHUANGYE RUMEN
作　　者	主　编　陈虹宇　曹　颖 副主编　高薇冬　付　芬　张　艳
出版发行	中国水利水电出版社 （北京市海淀区玉渊潭南路1号D座　100038） 网址:www.waterpub.com.cn E-mail:mchannel@263.net（万水） 　　　　sales@waterpub.com.cn 电话:（010）68367658（营销中心）、82562819（万水）
经　　售	全国各地新华书店和相关出版物销售网点
排　　版	北京万水电子信息有限公司
印　　刷	三河市鑫金马印装有限公司
规　　格	170mm×240mm　16开本　11印张　144千字
版　　次	2018年8月第1版　2019年12月第2次印刷
印　　数	3001—5000册
定　　价	28.00元

凡购买我社图书,如有缺页、倒页、脱页的,本社营销中心负责调换

版权所有·侵权必究

前　　言

　　创新是指以基于现有的思维模式提出有别于常规或常人思路的见解为导向，利用现有的知识和物质，在特定的环境中，本着理想化需要或为满足社会需求而改进或创造新的事物、方法、元素、路径和环境，并能获得一定有益效果的行为。

　　在经济转型升级和创新驱动发展的背景下，创新创业已经成为时代的主题和国家的战略决策。大学生是"大众创业、万众创新"的主力军。2015年3月5日，在十二届全国人大三次会议上，李克强总理在政府工作报告中首次提出"互联网+"行动计划。2015年7月，国务院印发《关于积极推进"互联网+"行动的指导意见》。2015年10月29日，中国共产党第十八届中央委员会第五次全体会议指出：实施网络强国战略，实施"互联网+"行动计划，发展分享经济，实施国家大数据战略。高校创新创业教育的水平和成效不仅关乎高等教育的发展和人才培养质量的提高，更关乎国家战略目标的实现。

　　"互联网+"行动计划重点促进以移动互联网、云计算、大数据、物联网、人工智能等为代表的新一代信息技术与教育、医疗、制造、能源、服务、农业等领域的融合创新，发展壮大新兴业态，打造新的产业增长点。"互联网+"时代下大学生创新创业教育模式已经成为我国高等教育改革的一个重要策略。

　　1912年，"创新理论"的鼻祖、美籍政治经济学家约瑟夫·A.熊彼特（Joseph A.Schumpeter）在其《经济发展概论》中指出：创新（innovation）是把一种新的生产要素和生产条件的"新组合"引入生产体系。这种新组合包含五种情况：一是开发新产品；二是采用新的生产方法；三是开辟新的市场；四是掠取或控制原材料或半制成品的一种新的供应来源；五是实现新的工业组织。

　　根据熊彼特的相关界定，创新就是打破经济体系运行过程中循环往复（circular flow）的均衡状态，将经济体系中的一部分生产要素进行重新组合；只有这种要素的重新组合才能称为"经济发展"，并能够通过垄断地位获取利润。

　　2009年，现代管理学之父、美籍管理学大师彼得·F.德鲁克（Peter F.Drucker）则指出：凡是能够使现有资源的财富生产潜力发生改变的事物都足以构成创新；创新就是要改变资源的产出方式，通过改变产品和服务，为客户提供价值和满意度。从熊彼特和德鲁克的界定可以看出，创新的本质就是通过要素资源的重新组合获取一种垄断地位，提升核心竞争力；在微观层面实现垄断利润或价值增值，在宏观层面为经济社会发展提供动力源泉。

"互联网+"战略就是利用互联网的平台和信息通信技术，把互联网和包括传统行业在内的各行各业结合起来，在新的领域创造一种新的生态。

全面贯彻党的十八大和十八届二中、三中、四中全会精神，按照党中央、国务院决策部署，加快实施创新驱动发展战略，不断深化改革，顺应"互联网+"时代大融合、大变革趋势，充分发挥我国互联网应用创新的综合优势，充分激发广大人民群众和市场主体的创业创新活力，推动线上与线下相结合、传统与新兴相结合、引导与规范相结合，按照"坚持市场主导、包容创业创新、公平有序发展、优化治理方式、深化开放合作"的基本原则，在更大范围、更高层次、更深程度上推进大众创业、万众创新，打造新引擎，壮大新经济。

本书由重庆工商职业学院陈虹宇、重庆师范大学涉外商贸学院曹颖任主编，重庆工商职业学院高薇冬、付芬、张艳任副主编，陈虹宇负责编写第3章、第7章、第9章，曹颖负责编写第1章、第2章、第4章、第8章，高薇冬负责编写第6章，付芬负责编写第5章，张艳负责编写第10章，全书由陈虹宇负责统稿、定稿。

目 录

前言

第1章 认识创业 1
1.1 创业基本概念 6
1.1.1 创业的含义 6
1.1.2 创业的特征 8
1.1.3 创业的类型 9
1.2 创业要素与过程 11
1.2.1 创业的关键要素 11
1.2.2 创业的一般过程 12
1.3 创业的价值 14
1.3.1 创业与经济发展 14
1.3.2 创业与社会发展 14
1.3.3 创业与个人发展 15

第2章 认识自我 17
2.1 正确认识"我" 21
2.1.1 内在要素 22
2.1.2 外在要素 24
2.2 做好创业准备 25
2.2.1 激发创业动机 25
2.2.2 培育创业精神 26
2.2.3 培养创业意识 27
2.2.4 提高创业能力 27

第3章 创新与创新思维 29
3.1 走进"大众创业、万众创新" 30
3.1.1 "大众创业、万众创新"的背景 30
3.1.2 "大众创业、万众创新"的内涵 30

  3.1.3 "大众创业、万众创新"的重点 31
 3.2 培养创新思维 31
  3.2.1 创新思维的本质特征 32
  3.2.2 常用的创新思维方式 33
  3.2.3 "互联网+"基础知识 34
  3.2.4 "互联网+"思维 34
  3.2.5 "互联网+"商业模式 41
  3.2.6 "互联网+"新技术革命 44
 3.3 融入"大众创业" 48
  3.3.1 "互联网+"创新创业机遇 48
  3.3.2 "互联网+"创新创业挑战 52

第 4 章 创业机会 54
 4.1 创业机会 57
  4.1.1 创业机会的概念 57
  4.1.2 创业机会的特征 58
 4.2 创业机会的识别 59
  4.2.1 创业机会的来源 59
  4.2.2 创业机会的识别过程 60
 4.3 创业项目分析评估及选择 61
  4.3.1 创业项目分析评估 61
  4.3.2 创业项目选择 62
 4.4 创业风险识别及规避 63
  4.4.1 创业风险概述 63
  4.4.2 创业风险防范和控制 66

第 5 章 创业者和创业团队 68
 5.1 创业合伙人的选择 69
  创业者的素质与能力 71
 5.2 创业要找最合适的人
  5.2.1 谁才是合适的创业伙伴呢? 76
  5.2.2 合伙的十大原则 78

5.3 创业股权分配 ... 79
    5.3.1 股权分配的重要性 ... 80
    5.3.2 如何进行股权分配 ... 81

第6章 创业计划书的编写 ... 83
6.1 为什么要写创业计划书 ... 84
    6.1.1 创业计划书的概念 ... 85
    6.1.2 创业计划书的作用 ... 85
6.2 如何写好一份创业计划书 ... 87
    6.2.1 创业计划书前期思考 ... 87
    6.2.2 创业计划书基本要求 ... 91
    6.2.3 创业计划书整体布局 ... 91
    6.2.4 创业计划书主要内容 ... 92
    6.2.5 现金流量预测 ... 95
    6.2.6 创业计划书的篇幅 ... 95
    6.2.7 写创业计划书的注意问题 ... 95
6.3 附：创业计划书格式样例 ... 96

第7章 创业项目路演 ... 100
7.1 创业项目路演策略及投资人常问的问题 ... 101
    7.1.1 创业项目路演模式 ... 101
    7.1.2 创业项目路演中的必备技能 ... 103
    7.1.3 创业项目路演中投资人常问的问题 ... 106
    7.1.4 如何丰富创业项目路演 PPT ... 107
7.2 创新的小而美 ... 109

第8章 让创新思维成为创业工作的一部分 ... 111
8.1 组织创新——扁平化的创客组织模式 ... 112
8.2 市场创新——借助新媒体，用免费策略打开 O2O 市场 ... 113
    8.2.1 新媒体背景下的市场环境 ... 113
    8.2.2 新媒体时代市场营销的发展趋势 ... 114
    8.2.3 新媒体时代市场营销的策略经验 ... 115
8.3 产品创新——用大数据指导产品开发 ... 117

  8.3.1 产品创新 ... 117
  8.3.2 大数据 ... 119
 8.4 服务创新——用个性化服务占领市场 ... 122
 8.5 意识创新——从大而全到小而美 ... 125

第 9 章 创业资源 ... 126
 9.1 创业资源概述 ... 127
 9.2 创业资源整合 ... 127
 9.3 商业模式概述 ... 131
  9.3.1 商业模式搭建的条件 ... 131
  9.3.2 商业模式背后的逻辑 ... 134

第 10 章 初创企业管理 ... 136
 10.1 企业人力资源管理 ... 137
  10.1.1 企业人力资源管理的概念 ... 137
  10.1.2 企业人力资源的特征 ... 137
  10.1.3 创业初期企业人力资源管理上的常见弊端 ... 139
  10.1.4 创业初期企业中人力资源的重要作用 ... 142
  10.1.5 企业人力资源管理的职能 ... 143
  10.1.6 企业人力资源规划的作用和内容 ... 145
  10.1.7 人力资源管理和人才储备 ... 148
 10.2 市场营销管理 ... 152
  10.2.1 企业市场营销过程中出现的问题研究 ... 155
  10.2.2 加强企业市场营销创新管理的有关措施分析 ... 156
 10.3 企业财务管理 ... 159
  10.3.1 财务管理的概念 ... 160
  10.3.2 财务管理在大学生初创企业中的重要性 ... 160
  10.3.3 初创企业财务管理存在的问题 ... 161
  10.3.4 解决初创企业财务管理问题的几点对策 ... 162
  10.3.5 财务管理体系构建应掌握以下原则 ... 163
  10.3.6 解决大学生初创企业财务管理问题的几点对策 ... 165

第 1 章

认识创业

学习目标

- 理解创业的概念、意义。
- 掌握创业的特征、类型。
- 理解创业的关键要素。
- 了解创业的一般过程,识别与评估创业机会、准备并拟定创业计划、创业资源开发、创建和管理企业四个阶段。

> 案例

恋爱么么哒：一场无疾而终的创业之恋

恋爱么么哒作为南京最早出现的视频交友平台，也是移动相亲交友客户端创新发展的一个典范。自从其服务号创建以来，通过线上模式的不断探索和线下活动的成功开展为众多单身男女提供了独特的社交体验，获得了大批网友的青睐，但这个创业项目的发展却在方兴未艾后悄然搁浅。

2015年8月3日，一篇"对不起，我来晚了"的推文在网上激起了千层浪，这篇推文来自一个叫作"恋爱么么哒"的微信公众号，其文中宣称自己为最靠谱、最真实的视频交友平台，要通过视频带你走进TA的世界。而L君，就是这个恋爱么么哒公众号的创始人。

回想起恋爱么么哒这个项目的创立过程，L君至今仍然觉得不可思议，因为他最初压根就没想到会有这么一个项目的产生，他只不过想要寻找一个平台和空间，更好地发挥自己的爱好与特长而已。然而这个项目后来曾经一度辉煌，然后又那样悄无声息地结束，同样也是L君始料未及的。

1. 不期而遇，商机乍现

（1）有心终遇伯乐

作为一个资深的媒体人，L君对于视频拍摄与节目制作有着近乎于痴迷的喜爱状态。在省电视台多年的工作经验使得他深谙视频拍摄与节目制作之道，能够熟练地策划、举办各种活动。但是，对于他来说，电台的工作总是不尽如意，来自内心对自由的追求常常受到压制。为此他百般思量，"期待着一个幸运和一个冲击"。

那时恰逢电视台的一档旅游栏目由L君全权负责，其间L君认识了一个做体育节目的朋友，当时雪花啤酒赞助了电视台体育频道的勇闯天涯栏目，L 君和他的团队受邀参与合作，在合作的过程中，L 君认识了这位朋友所在公司的老板——俞总。俞总有一家媒体传播公司，他个人对于视频拍摄很感兴趣。由于在勇闯天涯栏目合作中大放异彩，L 君获得了俞总的欣赏和认可，俞总谈到还想做一档旅游节目，希望 L 君能够加入进来。通过前期的合作和双方的沟通，L 君觉得这是个很好的机会，于是 2013 年年中 L 君离开了省电视台。

（2）琢磨方辨商机

俞总拿下了那个旅游节目后，大力支持这个节目的发展，包括资金和节目团队。在拍摄这档节目的过程中，L 君找到了一群志同道合的朋友，积累了一定的人脉，开拓了自己的资源，自此 L 君也建立了自己的专业拍摄团队。

2014 年到 2015 年正是微信商业运用大放异彩的一年，很多微信公众号通过内容生产形成了独特的风格并吸引了大量的粉丝，由此获得了比较大的商业推广运用价值。作为媒体人的一员，L 君意识到大龄未婚男女越来越多，相亲交友已作为一种现实诉求而成为了被普遍关注的社会现象，作为年轻人的他觉得应该为单身男女做些什么。

但像《非诚勿扰》这样的电视节目虽广受追捧，却始终与大多数人保持着距离，不是广大单身男女随便就能够上的节目。随着手机媒介的发展，尤其是 QQ、微信等在线软件的渗透，移动相亲的应用和客户端软件也逐渐发展起来，并成为网民们的新宠。在诸多考虑之后，L 君以其一个媒体人所具有的直觉与敏感性发现，做一个以视频为特色的交友平台不失为一种有前景的选择！

2. 潜心所致，项目初创

经过半个多月的苦心摸索与彻夜奋战，L 君通过对潜在用户及类似平台的调查，基本把市场上的相关产品摸清底细了。当时市场上已经出现一些恋爱交友平台，但是它们主要是通过图片或者文字形式对加入的用户进行介绍，但在一个 PS

照片现象比较泛滥的时代，人们普遍缺乏信任，而且带有一定距离感。L 君觉得做视频可以以更真实的姿态来吸引客户，做一个以视频相亲交友为特色，以身份真实、内容真实、形象真实为保证的相亲交友的微信公众号，这一定有市场！恋爱么么哒项目就这样诞生了！

3. 渐入佳境，视频出租成大招

在申请微信公众号之后，L 君带着自己的团队以满满的热情和信心投入到项目开发中。他们开始制作一些视频短片，由公众号每天进行推送，偶尔也发一些"恋爱的小技巧"等段子。公众号的推文显得波澜不惊，阅读量微乎其微，订阅粉丝量增长也很缓慢。如何才能引起大众的关注而扩展粉丝人群呢？很长一段时间，L 君团队都在被这个问题困扰着。

偶然的一天，L 君翻看手机微信，突然一篇来自杭州的"快来租我"的文章紧紧地吸引住他的眼球，"出租"自己绝对是个相亲交友的好机会，联想到自己正在做的项目，何不把所做的视频交友内容和"出租"形式结合起来？"视频出租"的想法就这样萌芽了：通过微信平台，愿意出租自己的女（男）生需要上传一段自己的真实视频，介绍自己的背景以及愿意约会的地点等内容，而希望"租"到女（男）友的人则可以通过平台来双向挑选，然后通过微信平台交流，双方可以确定最后是否约见。当然，这里所谓的"出租"其实只是一个噱头，L 君的目的还是希望借此宣传恋爱么么哒。

这个新想法使得迷茫的团队茅塞顿开，可是"巧妇难为无米之炊"，如果说创业机会是创业启动的发动机，那么创业资源便是驱动创业项目前行的动力源。由于公司投入有限，加上团队成员基本都是技术层面的，对于财务资源与管理并没有很好的规划，公司的前期投入以及 L 君个人的资金投入都即将消失殆尽。L 君团队经过一番努力，凭借着公司的名誉，最终拉到了 8 万元赞助。有了费用支撑，L 君和团队就重新拍摄视频，这种真实交往、视频化介绍的方式为青年男女的相亲交友提供了一种新的互动式交友的独特体验，因此其后陆续有慕名而来的单身男女用户参与进来。这样一来，恋爱么么哒的粉丝和影响力开始快速上升。

4. 山雨欲来，转折无形中

既然恋爱么么哒的品牌知名度和服务平台已经基本建立起来了，那么下一步就应该建立真正的会员服务系统，让更多的单身男女能够轻松便捷地相互认识和了解。这时候，L君开始考虑开发APP。由于这个计划对于公司来说是一个重大的转型，需要投入大量的资金，当时公司也面临着其他一系列的问题，俞总和公司不想冒如此大的风险和耗用巨大的精力去运营。更何况，对于后面的APP更新推广和运营，L君也没有提出一个相对成熟完善的方案。

有团队成员提出来说，能不能去找风险投资基金呢？可是现在市场上各种各样的APP软件开发实在太多，失败率也非常之高，所以风险投资人都比较谨慎。恋爱么么哒目前只有两万多的粉丝，APP软件根本还没有开发和运营过，要想去获得风险投资基金的青睐，谈何容易。

此外，L君和项目团队成员都是擅长视频制作的好手，没有专门销售和项目管理人员，对于APP下载推广及运营缺乏专门的人手。那段时间，为了APP的开发，L君四处奔忙，但仍然未能如愿。

5. 心欲筚路蓝缕，无奈诸多牵绊

开发APP的期望落空，L君倍感苦闷与失落，再也没有了当初项目开始时的那股激情，这个时候团队也如一盘散沙。而公司这时收购了几个成熟的本地微信公众号，商业运营机会明显，赢利空间巨大。所以俞总就一方面将L君项目团队的一些成员逐步抽调到这几个微信公众号的运营当中去，另外一方面也把这几个公众号涉及的一些视频制作工作交给了L君来负责。这样一来，恋爱么么哒几乎就剩下L君一个光杆司令了，整个公众号的维护就靠他一个人来运作。恋爱么么哒的工作就这么慢慢地，不声不响地停下来了。

6. 此情可待成追忆，只是当时已惘然

"如果梦想不曾坠落悬崖，千钧一发，又怎会晓得执着的人，拥有隐形翅膀。"耳边响起熟悉的旋律，虽然忙碌了一天，已是深夜，L君却睡意全无。顷刻间，他与恋爱么么哒的一路经历全部浮现于脑海，仿佛就在昨天，却又分明遥不可及。这个凝聚了他和团队太多心血的项目，也是他最初的梦想，为何最后就这样无声无息地如镜花水月一般消散了呢？L君至今还没有想明白……

恋爱么么哒项目的产生与发展以及被搁浅的历程，可从反面引导我们去认识创业、思考创业。创业需要诸多方面的动态匹配，创业机会识别与评价、创业资源整合、创业团队建设，以及创业者在进行创业决策时应该具备哪些个人素质、应该考虑哪些方面的问题，等等。只有对创业有了深入理解和认识，才能顺利开启创业征程，并在创业路上走得更远。

1.1 创业基本概念

1.1.1 创业的含义

"创业"一词来源于英文 entrepreneur，是"企业家""创业者"的意思，指那些能够抓住机会和利用资源，凭借自己才能进行价值创造的人。随着全球创业的兴起，创业已经引起学术界越来越多的关注。20世纪80年代，创业开始进入学术研究领域，一大批学者纷纷加入创业研究的行列。尽管如此，对于创业的概念学术界至今没有形成一个统一的认识，对创业的定义和内涵，不同学者的理解角度也各有不同。

创业教育大师杰弗里·A.蒂蒙斯（Jeffry A.Timmons）在其所著的创业教育经典《创业创造》中指出："创业是一种思考、推理和行为方式，它为机会所驱动，需要在方法上全盘考虑并拥有掌控全局的领导能力。"

哈佛商学院教授斯蒂文森（H.Stevenson）认为：创业是不拘于现有资源的限制，将不同的资源进行组合，以捕捉和开发机会并创造价值的过程。

科尔（Cole）则把创业定义为：创业是以发起、维持和发展利润为导向的企业的有目的性的行为。

经济学家约瑟夫·A.熊彼特（Joseph A.Schumpeter）认为：创业是"创造性破坏均衡"，即实现创新，这里的创新可以是引入一种新产品，采用一种新方法，开辟一个新市场，获得一种新原料，采用一种新组织形式。

罗伯特·C.荣斯戴特（Robert C.Ronstadt）认为：创业是一个实现财富增长的动态过程。创造财富的人承担资产价值的时间风险、承诺服务，通过技能与资源配置来为其产品或服务注入价值。

我国一些学者对创业的内涵进行了综合，认为创业是创业者对自己拥有的资源或通过努力能够拥有的资源进行优化整合，从而创造出更大经济或社会价值的过程。其核心内容包括四个方面：①创业是一项具有创新性的活动；②创业是一项高风险的活动；③创业活动是在企业管理过程中实现的；④创业利润来源于对创新的回报、对风险的补偿、对企业高效管理和运作的回报。

综合国内外学者的研究，我们可以从广义和狭义两个层次去理解创业的概念。从广义层面来讲，创业指所有具有开拓性和创新性的、能够提高经济价值或社会价值的活动；从狭义层面来讲，创业即个人或团队自主创办企业。

本书主要站在创建新企业的生产经营活动角度去进行创业的讲解，因此，本书认为，创业是指创业者通过识别商机，将其发现的信息、资源、机会或掌握的技术以一定的方式转化，为个人和社会创造价值和财富的过程。创业的本质是创新；创业的关键是机会的发掘与把握；创业过程必然要求创造价值、转移价值和获取价值。

1.1.2 创业的特征

1. 创新性

创新性是创业最关键的本质特征。创业是创新实现的过程，是企业的活力和源泉，也是创业发展的内在推动力，缺乏创新性的创业就失去了它存在的意义。无论是发现新创意、捕捉新机会、开拓新市场，还是技术创新、制度创新和管理创新等，都是创新。企业在创立和发展过程中，往往会遭遇方方面面的发展瓶颈问题，想要顺利跨越这些瓶颈，就需要不断在技术、管理、商业模式等方面进行创新与变革来实现突破。

2. 利益性

创业是一个价值创造的过程，所有的创业活动都以获取回报和收益而展开。首先，创业要向顾客提供有价值的产品和服务，满足顾客的需求，使人们得到物质和精神的实质性的满足；其次，创业强调对社会和经济发展的贡献。创业价值既包括创业活动个人价值回报，也包括社会价值创造；可能是经济性收益，也可能是非经济性收益，比如声誉、地位。只有突出价值创造的创业才具有生命力，才能延续和发展。

3. 时效性

任何机会都具有时效性，创业活动的机会导向特征决定了创业活动必须把握时机，做到超前行动。商机的识别是创业活动的起点，当出现一定的商业机会就会出现创业现象，这一切是以时间、地点和条件为转移的，也会因为环境的变化而消失。所以说，创业具有时效性，创业者必须具有敏锐的直觉和判断力，及时捕捉商机并将其付诸实践，在实践中不断摸索、改进。

4. 风险性

创业的不确定性和未知性以及创业过程的复杂性，决定了创业具有风险性。

首先，由于创业者自身经验缺乏，对市场判断和商机把握有着很大的不确定性，由此产生风险；其次，在创业过程中，企业可能遭遇技术瓶颈、资源匮乏及市场环境的激烈竞争等，这也会带来风险。从内容角度来看，创业活动的风险主要有技术风险、市场风险、管理风险、资金风险等。

1.1.3 创业的类型

创业从不同的角度可以划分为不同的类型。

1. 按照创业动机划分

（1）生存型创业。生存型创业是指创业者没有对创业行为进行选择和规划，迫于自身生存，不完全自觉地开始创业活动。这种类型的创业没有强烈的创业主观意愿，它局限于在现有市场上寻找机会，很少创造新需求。由于创业者的创业动机仅仅是为了谋生，往往缺乏长期的创业目标规划，这种类型的创业一般起点较低，多集中在商业、餐饮业、小型加工业等领域。

（2）机会型创业。机会型创业是创业者发现了适宜的创业机会，利用自身的知识和智慧判断、选择并将这个机会付诸实践的创业活动。机会型创业的出发点并非仅仅为了谋求生存，而是为了主动抓住市场机遇创造价值和实现自身理想。由于机会型的创业者具有强烈的创业意愿，往往敢于开拓新市场、创造新需求，从而可能带动新的产业发展，进而做大做强。

2. 按照创业项目划分

（1）传统技能型。传统技能型创业主要是通过一定的技术生产产品，寻求产品销售市场的不断扩大，并利用一定的管理方法运营企业的创业活动。这种类型的创业对创业者的综合素质要求高，要求创业者要能掌握某种生产技术，有团队合作意识，以及具备企业的管理能力等各方面的条件。

（2）高新技术型。高新技术型创业以高新技术为基础，基于各项创新活动，包括产品研究、开发、生产、技术服务、市场开拓和组织管理等各种创新。这种创业类型活动所拥有的关键技术往往开发难度很大,但一旦开发成功就具有高于一般创业活动的经济效益和社会效益。高新技术型创业具有一些显著的特点:高门槛及高投入、高速度及高成长、高风险及高回报。其创业成功的关键条件包括两个:一是拥有一个多种优势互补的人才所组成的创业团队,二是拥有具备较强市场竞争力的产品或服务。

(3) 知识服务型。知识服务型创业是指从各种显性和隐性知识资源中提炼知识,按照人们的需要,有针对性地提供市场所需的服务并以此为主要业务的创业活动。这种服务的特点就在于,它是一种面向知识内容和解决方案的服务。现代知识服务业是我国产业转型的一种有效形式,管理咨询、教育、培训等都属于这种类型。

3. 按照创业的创新性划分

(1) 复制型创业。复制型创业是指复制已有公司的经营模式来从事创业的活动。这种类型的创业的创新成分很低,缺乏创业精神的内涵。例如某人原本在餐厅里担任厨师,后来离职自行创立一家与原工作餐厅类似的新餐厅。复制型创业在新创公司中所占的比率较高。

(2) 模仿型创业。模仿型创业是指通过模仿和学习他人创业的过程从事相似业务的创业活动。这种类型的创业首先通过模仿和学习进入该行业成为行业的尾随者,随着创业活动深入,逐步进入该行业竞争者行列,占领一定市场份额。这种形式的创业,创新的成分也很低,对于市场也没有带来多少新价值,但与复制型创业的不同之处在于,这种形式的创业具有较高的不确定性,学习过程长,犯错机会多,代价也较高昂,创业过程对于创业者而言还是具有很大的冒险成分。

(3) 独创型创业。独创型创业是指为弥补市场某项空白的产品或服务而进行的独特的创造性活动。独创性可以通过整个商品或服务的独创来体现,也可以表现为商品或服务的某种具体技术的独创。这种类型的创业具有一定风险性，市场对新产品或服务的接受需要经历一个过程。

（4）冒险型创业。冒险型创业是指敢于面对不确定因素和失败风险而进行冒险尝试的创业活动。这种类型的创业，除了给创业者本身带来极大改变，也将使新企业的产品创新活动面临很高的风险。冒险型创业是一种难度很高的创业类型，有较高的失败率，但成功所得的报酬也很惊人，比如风险投资。这种类型的创业如果想要获得成功，必须在创业者能力、创业时机、创业精神、创业策略、创业过程管理等各方面都有很好的搭配。

1.2 创业要素与过程

1.2.1 创业的关键要素

支撑创业活动顺利开展的因素很多，但最为关键的核心要素包括创业者、创业机会和创业资源。

1. 创业者

创业者是创业的主体，是创业过程中的核心个人或团队。创业者在商机识别、获取和整合资源、产品开发、市场开拓等一系列创业过程中起到关键的推动作用。他是企业的创建者，是创新的策划者和实施者，创业者自身较高的素质与能力是创业成功的必要条件之一。

2. 创业机会

创业机会大多来源于不断变化的市场需求，或是没有被充分满足的市场需求，只有创造或满足市场需求，企业才能顺利创建，才能很好地发展壮大。创业机会的识别是创业活动的起点，好的开端往往意味着成功的一半，因此对于创业者来说，捕捉到这些创业机会是成功创业的关键，创业机会也就成为创业过程中的核心要素之一。

3. 创业资源

创业活动亦是一个资源整合的过程，任何创业活动都离不开必要的资源支持。创业资源是在新企业创立和创造价值的过程中需要的特定资源，是新企业创立和运营的必要条件，包括技术资源、财务资源、人力资源、组织资源等。其中，那些有价值、稀缺、难以复制和不可替代，能够构建起企业竞争优势的资源称为战略性资源，是推动一个企业成功创建和发展的核心竞争要素。

1.2.2 创业的一般过程

创业过程是创业者从创业机会的识别、产生创业想法、创建新企业到新企业生存和成长的过程，大致可划分为识别与评估创业机会、准备并拟定创业计划、创业资源开发、创建和管理企业四个阶段。

1. 识别与评估创业机会

识别创业机会是创业活动的开端，也是创业的前提。识别创业机会作为一种主动行为，带有浓厚的主观色彩，创业者的个体因素起到了重要作用。能够发现其他人所看不到的创业机会，并迅速采取行动开发创业机会，是作为创业者最难能可贵的地方。此外，识别创业机会也是个体与环境互动的过程，外部因素尤其是环境中的客观机会因素本身的影响同样不容忽视。同时，要对创业机会进行科学的评估。一方面创业机会的把握离不开对宏观环境的分析，另一方面创业机会的评估也需要对行业状况和已有资源进行分析，充分权衡其风险与回报，理性对待创业机会，合理选择创业项目。

2. 准备并拟定创业计划

创业是一个复杂的活动过程，需要做好充分的准备工作，包括对创业环境的分析、创业团队准备、创业心理准备等。在这些准备工作完成的基础上，拟定创业计划。创业计划最直观的反映即创业计划书，是创业者在初创企业成立之前就某一项具有市场前景的新产品或服务，向潜在投资者、风险投资公司、合作伙伴等游说以取得合作支持或风险投资的可行性商业报告，体现了创业者的创业思路，是一份全面描述创办企业业务发展的指示图。创业计划会时刻提醒创业者应该注意什么问题，规避什么风险，并最大程度地帮助创业者获得来自外界的帮助。因此，创业计划是创业过程中必不可少的一个环节，起着非常重要的作用。

3. 创业资源开发

创业资源是新企业创立和运营的必要条件，不同的创业活动具有不同的创业资源需求，同时在整个创业过程都需要创业者根据企业不同发展阶段的需要开发创业资源。创业资源的开发包括对资源的获取和整合利用。作为创业者来讲，首先应评估自己拥有的可用于创业的资源，如自己所拥有的资金、技术、物资、管理才能等，然后综合分析，找到创业资源缺口与目前可获得的资源供给，最后通过一定渠道获得其他所需资源。但一般来讲，创业初期所能获取、利用的资源大都匮乏，创造性整合创业资源才是解决问题的关键，整合资源的能力远胜于拥有所有创业资源。创业者在创业中要学会借势发展，巧用资源，最大限度利用和组合现有资源条件构筑新的物质环境，实现自己的创业目标。

4. 创建和管理企业

企业是创业的重要载体之一，是对创业机会进行开发的重要平台。创建新企业要经过企业组织形式选择、企业选址、企业人财物的配置以及企业注册等多个步骤。对新创企业的管理过程则是创造价值并获取回报的过程，包括企业战略管理、人力资源管理、产品与服务管理、市场营销管理、财务管理等。对新创企业的管理是一个动态过程，不是一个静止结果，随创业的发展而逐步提升和变化。对新创企业的管理首先是解决其生存问题，进而谋求企业发展壮大。

1.3 创业的价值

1.3.1 创业与经济发展

创业促进社会生产力提高，是经济发展的动力，创业活动的活跃程度是经济发展的"晴雨表"，创业活动水平与经济增长之间存在一定的相关关系。创业可以为社会创造新价值，有力推动社会经济发展，甚至成为一个国家或地区经济发展的基础；同时，在经济发展态势良好的环境下，投资和消费活动也更为活跃，这又在一定程度上推动了创业的发展。因此，创业与经济发展是相辅相成、相互促进的。

1.3.2 创业与社会发展

1. 创业提高社会就业水平

创业能够提供就业岗位，发挥创业带动就业的效应，缓解社会就业压力。据测算，每增加一个创业者，当年带动的就业数量平均为 2.77 人，未来 5 年带动的就业数量平均为 5.99 人。因此，引导劳动者转变就业观念，以创业带动就业，让创业成为社会就业的扩容器，特别是在当前高校毕业生就业形势严峻的情况下，单纯以就业为导向来解决高校毕业生就业问题已成为难以突破的瓶颈。大力加强创业素质教育，培养创新意识，增强毕业生创业能力，由就业为主导转变为以创业带动就业的导向将是解决高校毕业生就业问题的突破口。

2. 创业加速科技创新

创业实现先进技术转化，加速科技创新。创业将新技术转变成现实生产力，创业是技术创新实现产业化的主要形式之一。一方面，通过科技的创新与转化，创造出新的市场需求；另一方面，创业者要不断开发、调整产品或服务，深化科技创新，使其真正具备市场价值，获得市场认可。因此，从整个社会范围来看，创业有利于技术不断更新，并且朝着市场真实需求的方向演进，提升整个社会的科技创新水平。

3. 创业塑造社会文化

创业可以激发整个社会的创新意识和创业精神，促进社会文化观念的转变，使积极创新、敢于冒险、自我实现的创业精神能够形成一种社会文化潮流。特别是那些成功的创业活动能够在社会范围内鼓励创业文化和创业精神，通过成功创业活动的示范，创业文化能够在全社会范围内传播开来，使创新创业成为社会发展的主流。

1.3.3 创业与个人发展

1. 创业可以实现个人财富积累

创业可以积累财富，在一定程度上满足个人对物质的追求和欲望，甚至实现个人财富的最大化。无论是在哪一行业，从事什么样的工作，处于什么样的职位，尽管收入有高低不同，但是都会有上升空间的局限性，但如果自身创业，那么所能创造的利益空间是没有限制的。任何一个人通过创业都有机会把握自己的人生方向，实现财富理想。

2. 创业可以更好地满足个人内在需求

人的本性都是在追求一种良好的生存状态和更加自由的自身发展，而创业正是追求这样一种状态的最佳途径。创业能够使创业者以自己的兴趣爱好、意志为出发点，摆脱工作固有的很多束缚，存利于主导自己，充分发挥个人潜能，施展自己的才华。同时，创业为社会和个人提供产品或服务，为国家和自己创造财富，这种贡献让创业者自身的人生价值得到充分体现，增加创业者的快乐感，提升创业者的成就感。创业的成果不仅仅是外在的物质存在，更重要的是创业能够充分满足人的内在需求。

3. 创业促进个人全面发展

创业是一项对个人综合素质和能力要求都很高的活动，创业要求个人通过创业学习掌握一定的专业知识和社会技能，拥有健康的体魄，具备良好的心理素质及创新能力。因而，创业将促使创业者在知识、能力、素质等方面都充分发展，使个人素质和能力得到提升。

第 2 章

认识自我

学习目标

- 从创业的角度通过内因、外因重新认识自我。
- 了解大学生在创业前的准备工作。

> 案例

品质成就创业人生

创业是当今最热门的话题，政府把"大众创业、万众创新"写入2016年《政府工作报告》。创业成了无数热血青年的梦想，但残酷的事实表明，并不是每一个创业者都是市场的宠儿。

徐成明是幸运的，12岁外出谋生，至今身兼两个公司的总经理。从食不果腹的舞勺之年为了生计而外出拜师学艺，到朦胧的雨季少年为了谋生而东奔西走，到有志青年为了梦想而创业前行，再到事业有成的不惑之年追梦再度创业，他先创立了合肥普光照明科技发展有限公司，但是"闲不住"的他选择跨界创业到生态养殖，创立了篮子农业有限公司。

1. 尝万般苦，成创业人

（1）学徒起家，卧薪尝胆

安徽安庆，历史悠久，素有经商之风，造就了生于斯、长于斯的徐成明一颗"不安分"的心。1972年徐成明出生在安徽安庆一个贫困的农村，为了生存，12岁的徐成明跟着一个修伞、修盆、磨刀的师傅学手艺，混口饭吃。近6年的学徒生涯让他走遍了包括山东、河北、北京、内蒙古、辽宁等华北和东北的许多地方。18岁的徐成明出师后开始自己单干，继续修伞、修盆、磨刀，浪迹天涯。

1992年一个偶然的机会，在合肥的舅舅给他介绍了一份销售工作。那是一家五金灯具门市部，老板是他舅舅的女儿。徐成明在这家小小的灯具店工作了两年半的时间，从站柜台到销售、拉三轮车、送货、采购，他一个人经历了整个贸易的全过程。这段经历让他对照明行业的生产、销售、服务等一系列流程烂熟于心。跟别人打工让徐成明无法尽情地施展拳脚，他感觉职业发展受到限制。不甘安于现状，能吃苦、有闯劲的徐成明再三思考后选择了辞职。他认为照明行业未来市场前景良好，凭借自己这几年走南闯北积累的经验，相信自己完全有能力在这个行业去实现自己的一份事业。

（2）有志青年，梦想成真

初次创业，徐成明对未来将要遇到什么困难并不知道。他抱着初生牛犊不怕虎的精神，1995年成立了自己的公司。创业之初，公司员工只有徐成明和他哥哥，创业资金也是徐成明和他母亲接连几天、走街串巷到处找亲朋好友借来的15000元。公司开始主要是做贸易，依靠徐成明前两年积累的买卖渠道，靠走量赚差价盈利，第一个月除去交房租和其他成本已经保本，第一年赚了3万，第二年盈利近8万元。第一次创业让徐成明尝到了成功的甜头。

2. 不满现状，追梦前行

（1）小试牛刀难酬志

徐成明凭借着自己坚强的毅力和独到的管理让公司达到安徽地区照明行业前五的水平，这在很多人看来，徐成明已经是个成功人士了，但徐成明却不是这样认为的。徐成明觉得自己的领导才能没有完全发挥出来，内心很是压抑。其次照明行业门槛较低，行业内发展参差不齐，国家近年来对产能进行调整，照明行业也受到影响。要想再继续寻求发展，很难找到突破点。最重要的是徐成明不想安于现状，他说自己是个闲不住的人，不想就这样把挣的钱用来养老。

（2）创业之火再点燃

徐成明选择第二次创业进入养殖行业的初衷其实很简单，他工作以后每次回家父母都会把家里的鸡杀了给他补身子，临走还让他带上攒下的鸡蛋，总觉得自己养的鸡、下的蛋更营养也更安全。但是随着农村逐渐城镇化，家里养的鸡越来越少，自己也越来越少尝到家里鸡蛋的味道，那时候建立养殖场生产土鸡蛋的想法在徐成明心中悄然扎了根。

随后的几年,中国食品安全问题愈演愈烈,瘦肉精、地沟油、三鹿奶事件层出不穷。中国的农业与发达国家相比算是很落后的,国外很多地方已经实现了食品的可追溯,而在国内,很多时候人们还要担心食物的来源是否安全。而徐成明每次看到曝光的一个又一个食品安全事件都很痛心,他想尽自己最大的能力为市民提供健康的食物,而就是这份使命感、责任感驱使徐成明再次创业。

徐成明清楚地知道创业是很辛苦的,特别是创业初期,很多事都需要亲力亲为,对体力精力都是一个巨大的考验。考虑到自己的年龄还允许自己再拼一把,如果现在不去做,以后可能没有机会了。下定决心以后徐成明就马上着手准备工作,选择再次创业。

3. 学习探索,只为更优

(1) 市场分析

徐成明创业前对国家政策和市场现状进行了全面的了解分析,从国家政策、市场需求再到市场供给,最后得出论证:目前中国养殖市场够大、事情本身有意义、事情还可以有所创新。因此,徐成明毅然选择跨界到养殖业。

(2) 武装自己

首先做好心理上的准备。徐成明对自己有清楚的认识,首先对家禽鸡蛋的事业有追求、有想法、有目标,而且有精力和实力去做;多年的工作经验锻造了强大的心理素质,面对困难也会勇往直前,即使失败也不怕;虽然是全新领域,但自己学习能力强,爱学习也会学习,可以尽快适应环境。

其次做好知识上的储备。创业是什么?它是一项系统工程,当老板你得考虑到人、财、物、进、销、存、竞争、市场细分、定位、管理体系、财务控制、退出机制、预算等一系列的事情。徐成明学历不高,在工作了20年之后,2012年选择到中国科学技术大学读MBA,丰富自身的知识体系。为了进一步提高自己的管理技能及满足其他方面的需求,徐成明又选择到复旦大学就读EMBA。通过学习和积累，达成目标和梦想的助力会更加强大。

（3）项目选择

徐成明为了充分地了解不同的鸡种，几乎跑遍了全国。经过综合比较，最后选择了纯种江南山林土鸡。为了探索出现有的养殖、经营模式，2011—2013年徐成明用了两年的时间，在多个东西方国家的市场进行考察，经常与农业专家交流生态养殖模式、传统农业如何向现代农业转变等问题。这样的学习交流让徐成明大受启发，公司管理也逐渐完善。

现在的徐成明每天都很忙碌，公司、养殖场两头跑，还要经常出差见客户，每月固定四天在复旦大学上课，如此忙碌的他也承受着苦楚。但是，创业最重要的是要有信念，要耐得住寂寞，也要经得住诱惑。徐成明说：“很多人干着干着，会发现外面有更大的机会，创业的小船划着划着就慢慢偏离了最初的方向。"创业路上，徐成明始终告诫自己坚守创业初心，不能在浮躁的环境下迷失自我，控制欲望、控制冲动。

创业过程艰辛且漫长，徐成明的两次创业经历，让我们看到了创业所必需的过人的创业者品质以及外部因素的催化作用。同时也为创业者，尤其是大学生创业者提供借鉴经验与启示，引导我们对理性创业进行分析与思考。

2.1 正确认识"我"

彼得·德鲁克曾说过："在当今世界，企业的兴衰存亡由企业家的素质和能力决定。"越来越多的资料及事实也表明，创业者的个人素质和能力在影响新创企业成长的各项因素中居于极其重要的地位。新创企业的发展很大程度上取决于创业者的个人行为，创业者在企业的生存发展中起着引领的主导作用。

俗话说："人贵有自知之明。"做人、做事最基本，也是最重要的原则，就是知道什么可为，什么不可为。人无完人，每个人都有自己的长处和短处，只有真正了解自己的优势，知道自己适合做什么，才能充分发挥自己的才能。创业者究竟需要具备哪些素质？为什么有的人选择了去创业，而有的人却没有？为什么有些人创业取得了成功，而有些人却没有呢？这些成功的创业者身上是否具有一些共同的个人素质特征呢？对自身创业素质和特征作一个正确的认识和理性的评估，可以更加明白自己、分析自己、完善自己。

2.1.1 内在要素

1. 创业意愿

创业意愿是指个体是否愿意进行创业活动的一种主观态度，是对个体创业特质程度、创业态度评价、创意和创业环境影响的描述。其中，创业特质是个体创业人格特质的简称，它是个体创业的一种稳定的心理特征，在一定程度上决定着个体的创业意愿，这种心理特征主要包括个体的成就动机水平、风险承担倾向、问题解决能力等。

2. 心理素质

心理素质是指创业者的心理条件，包括自我意识、性格、气质、情感等心理构成要素，是对于个人创业非常关键的非智力因素。创业作为一项具有挑战性的社会活动，要求创业者具有较强的心理素质和抗挫折能力。许多人在创业之初热情很高，屡次碰壁后才发现自己并没有真正做好吃苦耐劳和坚持不懈的心理准备，热情锐减，一部分人甚至因此一蹶不振。作为一个创业者，应当自信和自主，刚强、坚毅、果断和开朗，情感应更富有理性色彩。首先，创业者必须具有积极向上、勇于开拓的精神；然后，要有不屈不饶、坚韧顽强的毅力；最后，要能够融入社会，善于与人协作。

3. 身体素质

所谓身体素质是指身体健康、体力充沛、精力旺盛、思路敏捷。创业与经营艰苦而复杂，作为一个企业的创办者和经营管理者，工作繁忙、时间长、压力大，要能够适应这种工作和生活，就必须有一个健康良好的身体，以保证在任何情况下都有充沛的精力来完成工作任务。同时，创业道路不可能一帆风顺，各种挫折不仅会对创业者精神产生压力，同时也会对其身体产生压力，如果身体不好，必然力不从心，难以承担创业重任。因此，身体素质也是影响个人创业活动的重要因素。

4. 创业能力

创业发展的核心是以人为本，关键在于个人自身的基本素质和综合能力。创业能力是决定创业能否成功的关键因素，是个体将创业意愿转化为现实生产力的能力，是一种具有很强创造性和实践性的能力。在复杂的创业活动中个人既需要具备一定的观察能力、记忆力、思维能力等，也需要具备诸如创新决策能力、组织协调能力、市场运作能力和网络创业能力等综合能力。其中，创新决策能力是创业者对创业过程中产生的创意进行分析、判断的能力，其最终目标是实现创业的成功；组织协调能力是指创业者根据创业的需要，对各种资源进行分配整合，同时控制、激励和协调创业群体活动过程，使之相互融合，从而实现创业目标的能力；市场运作能力是创业者将创意转变成市场价值的能力，它需要创业者具有市场意识，能把创意转变为产品，并通过商业化运作实现其价值；网络创业是一种以互联网为载体的创业形式，主要表现形式为网站和网店，在互联网环境中协调资源，把握并利用市场机会，以开展商业活动，网络创业能力主要包括网站建设、网络推广和网络营销等能力。创业能力在创业过程中发挥着不可代替的作用，在一定程度上决定着创业活动的持续扩大与发展。

2.1.2 外在要素

创业活动总是在一定环境条件下进行的,能否发现机会并有效地利用机会,在很大程度上受制于外部条件和环境。创业活动需要市场的高度介入,特别是大学生的创新创业活动,由于大学生缺乏社会阅历和经验,市场的导向作用和培育作用便尤其重要。

1. 创业资金

资金是制约很多创业活动的瓶颈,巧妇难为无米之炊,如果没有资金,即使是再好的创意也难以转化为现实的生产力。因此,资金是很多创业者在创业道路上要翻越的一座大山。对于创业者来说,就要懂得开拓思路,多渠道融资,除银行借款、自筹资金、民间借贷等传统途径外,还可充分利用风险投资、天使投资、创业基金等融资渠道。

2. 创业人脉

人脉条件对创业者来说十分重要,尤其是在当前市场经济条件下,搞好人际关系对创业者顺利完成创业活动将起到积极的促进作用。所谓的创业人脉主要是指创业者在自己工作、学习以及生活的空间内,通过交往而逐步形成的相对稳定的联系,对创业者从事创业活动有促进作用和影响的各种有利条件。创业者总在自己的生活范围内逐步形成一个相对稳定的关系网络,这个网络对于创业者来说,是一笔不可多得的财富。在创业过程中,许多创业者有很好的产品和服务,但是由于他们缺乏社会经验与人脉,没有人来帮助他们,初创的公司可能就因为没有这样的人脉而垮掉。作为创业者要学会充分利用和调动这些有利因素,使其能最大限度地为创业活动提供援助。

3. 家庭因素

家庭是创业者早期接受启蒙教育和健康成长的摇篮。一个家庭的政治背景、经济状况、文化底蕴、和谐程度、家庭成员的素质情况以及家庭对创业的态度等往往成为影响个人能否走上创业之路的关键因素。而家庭在创业初期给予的支持，对一个人的创业成功至关重要。

从家庭的角度来说，给予资金与社会经验的支持是十分重要的。由于我国特殊的家庭教育模式和传统文化，子女一般长时间在家庭中生活，父母及长辈们的文化程度、职业种类、生活经历、思想意识、价值观等会对他们产生很大的影响，这些家庭因素对个人的创业态度影响相当大。对于有一定经济基础的家庭，在创业道路上，若能够在财力、物力以及资源上予以支持，甚至有可能协助、引导创业，那么个人创业的积极性会高很多。

4. 社会创业环境

社会创业环境是在创业者创业活动整个过程中起着重要作用的影响因素，成功的创业离不开宽松的社会氛围。创业需要一个开放包容的社会氛围，需要全社会的理解和认可，需要社会中绝大多数成员的认同和理解，进而获得来自社会各方的支持。个人是否选择创业会受到社会文化氛围及人们对待创业的态度的直接影响。一个崇尚科学、追求真知、锐意创新的社会文化环境，可以在全社会形成创新驱动合力，催生更多具有创新创业精神的人才。创业环境的优劣在一定程度上影响个人创业的成败与是否可持续发展，良好的创业环境是创业活动得以顺利进行的重要保障。

2.2 做好创业准备

2.2.1 激发创业动机

创业者在从事任何创业活动时都有一定的原因，这个原因就是他的创业动机。

创业动机的产生具有其内在的根据和外在的条件，引发创业动机的内在根据是创业需要，创业动机是在创业需要的基础上产生的。另外，创业动机也还需要外在的创业环境因素来激发才能正常启动。要激发个人的创业动机，应注重培养个人的成就动机，让个人积极主动地去创业。成就动机是个体在完成任务的过程中追求成功的内部动力，是个人愿意从事自己认为有价值的重要的事情并力求达到完美的推动力量，是激发人的上进心、进取心的重要心理机制。

创业者激发自我的创业动机可以从培养自我的正确归因模式和提高自我效能感两方面入手。首先，培养自己有效的归因模式，提高自我的自信心和成就欲望，即将个人取得的成就归因于个人能力和努力，这样会不断激发个体的积极性和成就欲望，将失败归因于自己的努力，个体会调整自己的努力程度从而继续为自己的目标奋斗。这种归因模式，有益于保护创业者的自信心，提高自我概念，即使面对失败，仍能保持较高的自尊和良好的自我概念。其次，提高自我的效能感。自我效能感高的个体更相信自己的能力，倾向于选择有挑战性的活动，会付出更多的努力来实现目标，在面对困难时会激发出更大的斗志。作为创业者可以通过报纸、广播等媒介向创业成功案例学习，多了解他人的创业过程，获得替代性的经验，从而增强创业的动机。

2.2.2 培育创业精神

创业精神是指创业主体在主观世界中把创新观念、个性、意志、作风和品质等转化为创新实践的精神力量，是创业者必备的内在素质。创业要培养自己坚定的创业信念、积极的创业心态、顽强的创业意志和鲜明的创业精神。做一件事情，无论成功或失败，敢去闯一闯，敢去经历就是一种成功，也是通往最终成功的唯一途径。对于创业，虽然什么都没有，但只要你有这种精神，并为之奋斗，就有可能成功。如果不成功，你还可以掉头，但如果你连这种意识和精神都没有的话，人生便失去了很多意义。要培养自己的创业精神，就要保持创业激情和创业积极性，培养超强的适应能力，同时要有坚持到底的决心。

2.2.3 培养创业意识

一般人总是等机会从天而降，而不是通过努力来创造机会。殊不知，人们遇到的问题和未满足的需要总是不断提供新的商机。优秀创业者的一个基本素质，就是随时有创业意识，善于从他人的问题中发现机会，并主动把握机会。创业意识的培养首先要善于发现机会。无论是有意还是无意，在学习和工作中，当我们发现了自己认为很好的市场机会时，很可能就此产生创业的冲动而走向创业。古今中外这样的例子是非常多的。随着我国社会主义市场经济从低级向高级发展，竞争越来越强烈。创业者若缺乏竞争意识，就等于放弃了自己的生存权利。创业者只有敢于、善于竞争，才能获得成功。创业之初面临的是一个充满压力的市场，如果创业者缺乏竞争的心理准备，甚至害怕竞争，就只能是一事无成。作为一个优秀的创业者，要有针对性地强化自己的商机意识、战略意识、风险意识及互利意识，以此来培养自己的创业意识。

2.2.4 提高创业能力

创业能力的形成分为两个过程，一是知识的学习，二是社会的实践。知识的获取和积累为能力的形成提供了可能，在实践中应用所学知识是能力形成的必要环节。因此，个人创业能力的提高应从这两方面着手。首先通过多种途径学习创业所需的各种知识，优化自身的知识体系机构；其次通过实践，提高创业能力。作为创业者来讲，接受正规教育或加强自我学习是获得理论知识很好的途径，只有不断阅读，才能夯实知识基础，同时还要虚心学习，善于借鉴。创业者要多与优秀的、成功的创业者来往，学习他们身上的优点，而不是与悲观者为伍；借助别人的成功经验给自己一个更高的起点，为自己提供很好的营养基础；转变自己的心态，以一个企业家的标准来要求自己，使自己逐渐具备一个创业者应有的眼光、心态、思维模式和分析处理事务的能力；把自己目前所拥有的和将来自己想要达到的情况相比较，明确两者之间的差距，将差距转换为动力，通过不断学习和积累新的知识和经验，坚持不懈地努力，慢慢缩短与目标之间的距离，这样才能使自己在创业道路上迅速成长。

第 3 章

创新与创新思维

学习目标

- 了解"大众创业、万众创新"的背景、内涵。
- 培养创新思维,了解创新思维的本质。
- 了解"互联网+"的相关知识、思维方式、商业模式、新技术。
- 理解大学生创业过程中的机遇和挑战。

3.1 走进"大众创业、万众创新"

3.1.1 "大众创业、万众创新"的背景

党的十八大明确提出实施创新驱动发展战略,将其作为关系国民经济全局紧迫而重大的战略任务。党的十八届五中全会将创新作为五大发展理念之首,进一步指出,坚持创新发展,必须把创新摆在国家发展全局的核心位置,不断推进理论创新、制度创新、科技创新、文化创新等各方面创新,让创新贯穿党和国家一切工作,让创新在全社会蔚然成风。李克强总理在2015年《政府工作报告》中提出,推动大众创业、万众创新,培育和催生经济社会发展新动力。之后国务院又颁布的《关于大力推进大众创业万众创新若干政策措施的意见》明确指出,推进大众创业、万众创新是培育和催生经济社会发展新动力的必然选择,是扩大就业、实现富民之道的根本举措,是激发全社会创新潜能和创业活力的有效途径。

3.1.2 "大众创业、万众创新"的内涵

"大众创业、万众创新"的目的是推动经济良性良好发展。李克强总理说:"打造大众创业、万众创新和增加公共产品、公共服务'双引擎',推动发展调速不减势、量增质更优,实现中国经济提质增效升级。"一方面,只有通过万众创新,才能创造出更多的新技术、新产品和新市场,也就才能提高经济发展的质量和效益;另一方面,只有通过大众创业,才能增加更多的市场主体,才能增加市场的动力、活力和竞争力,从而为经济发展提供内在源动力。

"大众创业"和"万众创新"是相互支撑、相互促进的关系。只有"大众"勇敢的创业才能激发、带动和促动"万众"关注创新、思考创新和实践创新;只

有"大众"创业的市场主体才能创造更多的创新欲、创新投入和创新探索。只有在"万众"创新的基础上的才可能有"大众"愿意创业、能够创业、创得成业,只有包含"创新"的创业才算真正的"创业"。

3.1.3 "大众创业、万众创新"的重点

首先,重点要打通科技成果转化通道。科学技术要转化成生产力,关键是如何促进"万众"的创新与"大众"的创业,减少对创新转化的限制,加强创新转化的对接,增强创新转化的活力。打通科技成果的转化渠道,鼓励各式各样的创新,直接用于创业,合作参与创业,转让促进创业等,关键在于激励人们主动创造新成果和愿意转化新技术。加快科技成果使用处置和收益管理改革,扩大股权和分红激励政策实施范围,完善科技成果转化、职务发明法律制度,使创新人才分享收益成果,从而促进科技人员愿意创新、愿意创业、愿意转化。

其次,重点要引导新兴科技产业发展。新兴产业是先进生产力的代表,是高科技创新的前沿,是高附加值创业的重点。重点支持扶持新兴科技产业的发展,引领万众向高科技方向创新,带动大众向高科技新兴产业上创业汇聚,从而促进我国经济深层次上转型升级。

再次,重点要推进各项产业"互联网化"发展。信息化是当今时代的突出特点,互联网已经成为人们生产和生活的重要组成部分,必然要求我们各项产业要适应"互联网化"的时代要求,更要求我们各项产业要主动地、广泛地、深度地与互联网结合,在"互联网化"发展中创造更多更大的经济和社会价值。

3.2 培养创新思维

思维(图 3.1)是为了完成某项任务大脑进行的活动。通俗点说,就是思考、

思索。思就是想,维就是维度和秩序。思维就是大脑为了解决某个问题而进行的不同维度的、有秩序的思考。

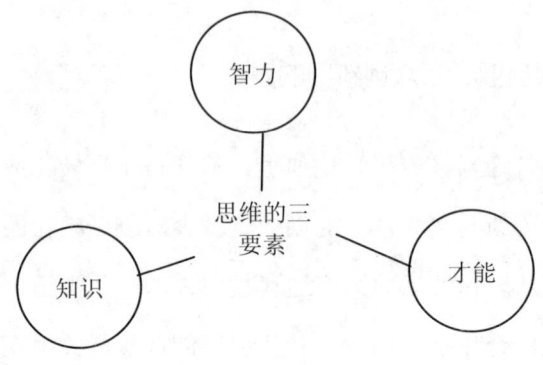

图 3.1　思维的三要素

➲ 案例

阿里巴巴的第一个创新业务是"电子公告板",第二个创新业务"诚信通计划",之后陆续推出了一系列目标为中小企业的新产品和服务。他们的目标是"通过发展新的生意方式创造一个截然不同的世界"。

创新思维,又称创造性思维,是指发明或发现一种新方式用以处理某件事情或表达某种事物的思维过程。

3.2.1　创新思维的本质特征

(1) 具有强烈的自我超越性。

(2) 具有自我服软性。

(3) 覆盖时空越来越少,作用周期越来越短。

(4) 思维创新产业化。

(5) 具有强烈的竞争意识。

（6）对生产力发展的作用之大前所未有。

3.2.2 常用的创新思维方式

1. 发散思维

发散思维是指大脑在思维时呈现的一种扩散状态的思维模式，它表现为思维视野广阔，思维呈现出多维发散状。

2. 聚合思维

聚合思维是从已知条件和既定目标中寻求唯一答案的一种思维方式。具体来说就是对发散思维提出的多种设想进行整理、分析、选择，再从中选出最有可能、最经济、最有价值的设想，加以深化和完善，使之具体化、现实化，并将其余设想中的可行部分也补充进去，最终获得一个最佳方案。

3. 灵感思维

灵感思维是一个过程，也就是灵感的产生，即经过大量的、艰苦的、长期的思考之后，受到某些事物的启发或在转换环境时，突然得到某种特别的创新性设想的思维方式，正可谓"踏破铁鞋无觅处，得来全不费工夫"。它不是一种简单逻辑或非逻辑思维的活动，而是逻辑与非逻辑思维相统一的理性思维过程。

4. 直觉思维

直觉思维是人在对一个问题未进行逐步分析仅依据内因的感知，而迅速对问题作出判断，突然对问题产生顿悟的一种思维方式。

5. 联想思维

联想思维是指人脑记忆表象系统中，由于某种诱因导致不同表象之间发生联系的一种没有固定思维方向的自由思维活动。主要思维形式包括幻想、空想、玄想。其中，幻想，尤其是科学幻想，在人们的创新活动中具有重要的作用。

6. 逻辑思维

逻辑思维是思维的一种高级形式,是符合某种人为制定的思维规则和思维形式的思维方式,人们常说的逻辑思维主要指遵循传统形式逻辑规则的思维方式,通常称它为"抽象思维"。

3.2.3 "互联网+"基础知识

全球互联网自20世纪90年代进入商业领域以来迅速拓展,目前已经成为当今世界推动经济发展和社会进步的重要信息基础。截至目前为止,全球互联网已经覆盖五大洲的233个国家和地区,网民达到30多亿,用户普及率为50.4%。同时,互联网迅速渗透到经济与社会活动的各个领域(图3.2),推动着全球信息化进程,影响着我们的生活方式和生活态度。人们常说,出门可以不带钥匙、不带钱包、不带卡,但一定不能不带手机。

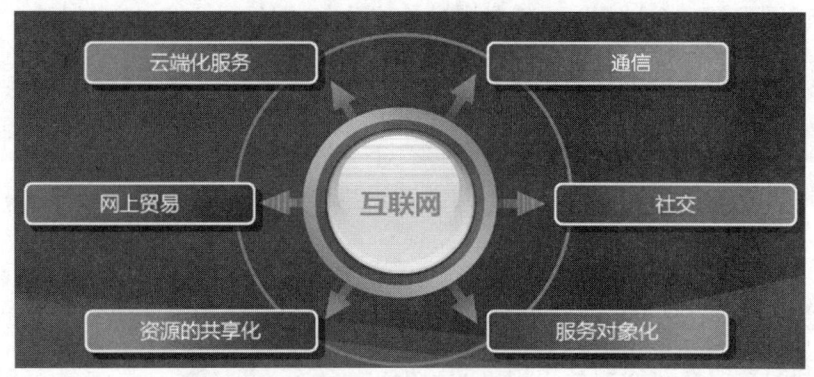

图 3.2 互联网+

3.2.4 "互联网+"思维

"互联网+"是创新2.0下的互联网发展的新业态,是知识社会创新2.0推动下的互联网形态演进及其催生的经济社会发展新形态。

"互联网+"是互联网思维的进一步实践成果,推动经济形态不断地发生演变,从而带动社会经济实体的生命力,为改革、创新、发展提供广阔的网络平台。通俗地说,"互联网+"就是"互联网+各个传统行业",但这并不是简单的两者相加,而是利用信息通信技术以及互联网平台,让互联网与传统行业深度融合,创造新的发展生态。自 2015 年全国两会《政府工作报告》首次提出"互联网+"以来,全社会掀起了"互联网+"的热潮,越来越多的传统企业正加速实施"互联网+"转型。

推进互联网转型离不开思维方式的深刻变革。在对"互联网+"深刻认识以及在总结众多互联网化转型成功企业经验的基础上,"互联网+"转型的十大思维值得我们关注。

1. 危机思维

实施"互联网+"战略,企业必须自始至终都要有很强的危机感,主要原因有三个:一是企业面临的市场化变化瞬息万变,行业竞争日益加剧,今天的成功并不代表明天的成功;二是企业发展壮大了,很可能染上"大企业病",大公司容易自满、安逸,不思进取,滋生官僚主义;三是如今很多行业的企业的日子不好过,成本上升、产能过剩、需求不旺以及管理粗放、产品缺乏创新、员工活力不足等问题叠加,成为制约企业持续发展的瓶颈。面对企业内外部市场环境的深刻变化,实施"互联网+"战略的企业就必须增强危机感、紧迫感和机遇感。

案例

海尔 CEO 张瑞敏说过:"永远战战兢兢,永远如履薄冰。"正是海尔具有强烈的危机感,才能不断根据市场环境的变化推进企业变革,从正三角到倒三角,从自主经营体到利共体,从砸冰箱到砸组织。如今,海尔顺应"互联网+"潮流进行改革,2014 年提出"企业平台化、员工创客化、用户个性化",积极推进向平台型企业转型，努力将海尔彻底打造成一家"互联网公司"。华为、腾讯、阿里巴巴、奇虎360等成功企业，无不时刻充满着危机意识。腾讯CEO马化腾说："外面的人给你很多掌声的时候是最危险的。"正是腾讯自始至终充满着危机感，才使得腾讯不断发展壮大，目前已成为我国互联网三大巨头之一。

2. 速度思维

"互联网+"思维一个显著特征就是快。快主要表现在决策要快速、产品创新要快速迭代、对市场变化要有快速的反应能力、推进技术创新升级要加快、企业变革要快。快能使企业迅速抓住机遇，捷足先登，掌握竞争的主动权，将竞争对手甩在身后。互联网公司产品开发要做到小步快跑、快速迭代，节奏是按天或周计算。

3. 用户思维

打破信息不对称使得信息更加透明化，用户获得更大的话语权。在"互联网+"时代，要求企业将"以用户为中心"真正落到实处。不是简单地听取用户需求、解决用户的问题，更重要的是让用户参与到商业链条的每一个环节，从需求收集、产品构思到产品设计、研发、测试、生产、营销和服务等，汇集用户的智慧。

"互联网+"思维的核心就是用户思维，用户思维的核心就是真正建立以用户为中心，从经营产品到经营用户。用户需求什么，企业的焦点就在哪儿；用户关心什么，就围绕用户关心的去满足。客观要求企业要利用一切可以利用的力量，追求极致的用户体验，发挥大数据的威力，找到用户的"痛点"，并设法满足和创造用户需求。"互联网+"诸多经济新形态（如互联网金融、互联网教育、互联网医疗等）正是找到传统行业发展的痛点，并通过互联网很好地解决了"痛点"，从而得到产业链各方用户的普遍欢迎。用户思维也是"痛点"思维。

4. 平台思维

经济发展的最高境界，不是做产品，不是重质量，也不是搞标准，而是打造平台。近几年来，平台型企业发展很快，从门户网站、网络游戏、电子商务网站到社交网络、第三方支付、网络视频、互联网金融，再到企业孵化器、各种交易市场、上海自贸区等，涌现出携程、阿里巴巴、腾讯、百度、苹果等众多重量级的成功的平台型企业，也涌现出e袋洗、e代驾、唱吧、饿了么、3W咖啡以及海尔创客等创新型平台。

运用"互联网+"思维的最大特征是必须运用平台的思想，通过平台规则、平台运营机制、盈利模式的创新，聚合双边或多边市场，打造有关利益方共赢的商业生态圈，实现平台模式的变革。

5. 创新思维

创新是互联网的精髓与灵魂，也是企业推进"互联网+"战略的核心动力，创新也是"互联网+"思维的重要内容。实施"互联网+"战略要树立创新性思维理念，要善于以创新的思维方式打破传统思维观念的束缚，创新地拓展互联网和传统行业的深度融合，要善于突破利益固化的藩篱，做好"互联网+"战略的顶层设计，实现变革创新突破。

奇虎360董事长周鸿祎对互联网创新的定义是："与众不同、特立独行、做别人做不到的事情，想别人想不到的方法，不仅仅是技术上的，还有商业模式、产品模式以及用户模式都可以创新。""互联网+"的创新思维不仅仅是产品创新、技术创新，更多的还包括商业模式创新、平台模式创新、服务模式创新、盈利模式创新、机制创新、文化创新和运营模式创新，更重要的是观念创新。

"互联网+"本质上就是一种创新思维，要求思维破除守旧、拥抱创新。墨守成规终究会被时代抛弃。创新可以说是"互联网+"的天性，在"大众创业、万众创新"潮流下，更应该以创新的精神拓展更大的发展空间，通过全面创新形成新的产品、新的业态、新的模式、新的平台、新的经营机制和创新的企业文化，从而促进企业创新发展。

6. 开放思维

相互联系是事物变化发展的规律。事物通过相互联系、相互作用的方式实现自身发展。开放是互联网经济的重要特征，互联网技术实现了互联，万物通过开放实现信息相互交流，任何人、企业、组织都生活在开放社会环境中。

互联网是开放的，"互联网+"思维更是如此。以用户需求为圆心，以优质服务为半径，企业若能树立开放思维，通过"互联网+"主动对接客户、对接市场、对接社会，加强与产业链合作，将会获得更多的优质资源，获得更广阔的发展空间。

7. 跨界思维

互联网和新技术的发展，令产业的边界变得模糊，互联网企业的触角已无处不达，如零售、金融、通信、娱乐、交通、汽车、媒体等。从最开始的苹果公司跨界进入手机行业，颠覆诺基亚，微信跨界进入通信领域，颠覆运营商的语音和短信业务，特斯拉进入汽车产业，TCL与腾讯的联姻，阿里巴巴与上汽合作进入汽车产业，乐视的"平台+内容+硬件+应用"的垂直跨界整合模式，这些都是互联网跨界的杰出代表，到现在如火如荼的互联网金融对传统银行的巨大影响，让人们领略到跨界思维的巨大革命力量。

如今，进入移动互联网时代，企业之间的竞争不只是产品的竞争，更是跨界的竞争。随着互联网和移动互联网在各行业的渗透，大大降低了企业跨界竞争的壁垒，使跨界成为一种竞争新常态。

"互联网+"中的"+"隐含的含义就是要跨界合作，要求传统企业与互联网公司紧密联手。万达与腾讯和百度的合作、百度与中信银行合资成立百信银行、美的与小米的结缘、乐视与北汽的联盟等，都是"互联网+"跨界合作的体现。在"互联网+"时代，任何企业要成功，就必须善于运用跨界思维，运用资本经营手段，拓展企业边界。

"互联网+"的跨界思维,要求企业要以打造生态系统、培育新的业务增长点为目标,坚持合作共赢、风险共担、利益共享,加强产业合作,尤其要运用并购、投资入股、成立合资公司等资本经营的手段,快速进入新的业务领域,获得新的技术和人才,弥补自身的不足,完善生态系统,增强企业的竞争力。

8. 大数据思维

互联网的大数据处理、整合、分析能力正在受到越来越多企业的重视。调查显示,采用大数据的企业比不采用大数据的企业利润平均高6%。如今,大数据在企业产品创新、目标市场选择、商业模式创新、客户体验创新和合作伙伴的选择等方面发挥着越来越重要的作用。

"互联网+"时代,大数据思维需要具备以下四个条件:一是拥有可靠、有效的大数据的获取来源;二是能够对大数据进行有效的传输和存储;三是拥有大数据的专业处理技术,即如何从海量数据中挖掘处理形成有效信息;四是打造一支熟悉大数据的专业人才队伍。

"互联网+"时代,随着用户规模的扩大、开放平台的建设、互联网化的大力推进以及企业的持续发展,企业必将不断聚集海量的数据。关键要从战略上重视大数据的开发利用,将大数据作为转变经济发展方式、实现企业转型升级的有效抓手。要在实践中不断提高数据化运营能力,建立大数据分析研究队伍,以强大的IT系统架构支撑数据分析,强化数据分析和应用,真正把握用户消费行为和消费特征,为提升用户体验、产品优化、市场营销、选择合作伙伴、提高平台流量提供强大的支撑。

⇒ 案例

红遍全球的美剧《纸牌屋》是应用大数据分析技术的杰出代表。美国奈飞(Netflix)公司是一家在线影片租赁提供商,该公司的网站收集了大量用户的行为偏好数据，根据用户的喜好来挑选演员和导演，定制剧情。经分析后发现，喜欢观看BBC老版《纸牌屋》的用户，大多喜欢大卫·芬奇导演或凯文·史派西主演的电视剧。于是，Netflix投资1亿美元拍摄了新版《纸牌屋》，请大卫·芬奇执导、凯文·史派西主演。结果，大数据技术让Netflix赚得盆满钵满。

9. 免费思维

"互联网+"思维强调的免费思维，旨在通过免费获得用户规模和用户流量（如PV等），没有规模和流量，商业模式难以成功。如果互联网应用要收费，用户就都会去找同质化的免费产品，可以说免费模式是众多互联网公司成功的关键。对于实施"互联网+"战略的企业来说，一开始就想着怎么赚钱一定会导致失败。

例如小米手环只卖79元，以高性价比产品迅速得到市场的认可，取得可穿戴设备市场占有率第一的佳绩。微信就是用了免费的方式把短信颠覆了，占据了用户流量之后每天推游戏、推广告，一年赚的钱数以千亿。

10. 柔性思维

"互联网+"战略要成功，不仅仅表现在业务模式、技术创新、产品开发、服务提升上，还需要企业深化变革，不断提升企业运营效率，不断提高广大员工工作激情。柔性思维更多是体现在企业在组织模式上进行变革，从而使企业更好地适应内外部市场环境的变化。

互联网崇尚"开放、协作、分享、平等、创新、共赢"的精神，提高企业的效率、效益、灵活性和避免大企业病是现代企业管理追求的目标，大而全、等级分明的企业很难适应"互联网+"时代。随着互联网思维的不断渗透，消费者对便捷化、个性化与免费化的需求越来越旺盛。这种新的消费习惯也促使企业的经营者必须转变思维模式，对产品的生产、运营管理、市场拓展和组织模式进行重新架构，以应对互联网经济浪潮的冲击。

3.2.5 "互联网+"商业模式

"互联网+"企业四大落地系统(商业模式、管理模式、生产模式、营销模式),其中最核心的就是商业模式的互联网化,即利用互联网精神(平等、开放、协作、分享)来颠覆和重构整个商业价值链。"互联网+"商业模式主要分为六种商业模式。

1. "互联网+"商业模式之一:工具+社群+商业模式

互联网的发展,使信息交流越来越便捷,志同道合的人更容易聚在一起,形成社群。同时互联网将散落在各地的星星点点的分散需求聚拢在一个平台上,形成新的共同需求并形成了规模,解决了重聚价值的问题。如今互联网正在催熟新的商业模式,即"工具+社群+电商/微商"的混合模式。例如微信最开始就是一个社交工具,先是通过各自工具属性/社交属性/价值内容的核心功能过滤到海量的目标用户,然后加入了朋友圈点赞与评论等社区功能,继而添加了微信支付、精选商品、电影票、手机话费充值等商业功能。为什么会出现这种情况?简单来说,工具如同一道锐利的刀锋,它能够满足用户的痛点需求,用来做流量的入口,但它无法有地效沉淀粉丝用户。社群是关系属性,用来沉淀流量;商业是交易属性,用来变现流量价值。

2. "互联网+"商业模式之二:长尾型商业模式

长尾概念由克里斯·安德森提出,描述了媒体行业从面向大量用户销售少数拳头产品,到销售庞大数量的利基产品的转变,虽然每种利基产品相对而言只产生小额销售量,但利基产品销售总额可以与传统面向大量用户销售少数拳头产品的销售模式媲美。通过 C2B 实现大规模个性化定制,核心是"多款少量"。所以长尾模式需要低库存成本和强大的平台,并使得其产品对于兴趣买家来说容易获得,例如 ZARA。

3. "互联网+"商业模式之三：跨界商业模式

> 案例

互联网预言帝马云曾经说过一句很任性的话，他说："如果银行不改变，那我们就改变银行。"于是余额宝就诞生了，余额宝推出半年，规模就接近3000亿元。雕爷不仅做了牛腩，还做了烤串、下午茶、煎饼，还进军了美甲；小米做了手机，做了电视，做了农业，还要做汽车、智能家居。

互联网为什么能够如此迅速地颠覆传统行业呢？互联网颠覆实质上就是利用高效率来整合低效率，是对传统产业核心要素的再分配，也是对生产关系的重构，并以此来提升整体系统效率。互联网企业通过减少中间环节，减少所有渠道不必要的损耗，减少产品从生产到进入用户手中所需要经历的环节来提高效率、降低成本。因此，对于互联网企业来说，只要抓住传统行业价值链条当中的低效或高利润环节，利用互联网工具和互联网思维，重新构建商业价值链就有机会获得成功。马化腾在企业内部讲话时说："互联网在跨界进入其他领域的时候，思考的都是如何才能够将原来传统行业链条的利益分配模式打破，把原来获取利益最多的一方干掉，这样才能够重新洗牌。反正这块市场原本就没有我的利益，因此让大家都赚钱也无所谓。"正是基于这样的思维，才诞生出新的经营和赢利模式以及新的公司。而身处传统行业的人士在进行互联网转型的时候，往往非常舍不得或不愿意放弃依靠垄断或信息不对称带来的既得利益。因此，往往想得更多的就是，仅仅把互联网当成一个工具，思考的是怎样提高组织效率、如何改善服务水平，更希望获得更大利润。所以传统企业在转型过程中很容易受到资源、过程以及价值观的束缚及阻碍。

4. "互联网+"商业模式之四：免费商业模式

互联网行业从来不打价格战，一来就免费。传统企业向互联网转型，必须要深刻理解这个"免费"背后的商业逻辑的精髓到底是什么。"互联网+"时代是一个"信息过剩"的时代，也是一个"注意力稀缺"的时代，怎样在"无限的信息中"获取"有限的注意力"，便成为"互联网+"时代的核心命题。注意力稀缺导致众多互联网创业者们开始想尽办法去争夺注意力资源，而互联网产品最重要的就是流量，有了流量才能够以此为基础构建自己的商业模式，所以说互联网经济就是以吸引大众注意力为基础，去创造价值，然后转化成赢利。很多互联网企业都是以免费、好的产品吸引到很多的用户，然后提供新的产品或服务给不同的用户，在此基础上再构建商业模式，比如360安全卫士、QQ等。互联网颠覆传统企业的常用打法就是在传统企业用来赚钱的领域免费，从而彻底把传统企业的客户群带走，继而转化成流量，然后再利用延伸价值链或增值服务来实现盈利。如果有一种商业模式既可以统摄未来的市场，也可以挤垮当前的市场，那就是免费的模式。克里斯·安德森在《免费：商业的未来》中归纳基于核心服务完全免费的商业模式：一是直接交叉补贴，二是第三方市场，三是免费+收费，四是纯免费。

5. "互联网+"商业模式之五：O2O商业模式

腾讯CEO马化腾在互联网大会上的演讲中提到，移动互联网的地理位置信息带来了一个崭新的机遇，这个机遇就是O2O，二维码是线上和线下的关键入口，将后端蕴藏的丰富资源带到前端，O2O和二维码是移动开发者应该具备的基础能力。O2O是Online To Offline的英文简称。狭义的O2O就是线上交易、线下体验消费的商务模式，主要包括两种场景：一是线上到线下，用户在线上购买或预订服务，再到线下商户实地享受服务，目前这种类型比较多；二是线下到线上，用户通过线下实体店体验并选好商品，然后通过线上下单来购买商品。广义的O2O

就是将互联网思维与传统产业相融合，未来 O2O 的发展将突破线上和线下的界限，实现线上线下、虚实之间的深度融合，其模式的核心是基于平等、开放、互动、迭代、共享等互联网思维，利用高效率、低成本的互联网信息技术，改造传统产业链中的低效率环节。

6. "互联网+"商业模式之六：平台商业模式

互联网的世界是无边界的，市场是全国乃至全球。平台型商业模式的核心是打造足够大的平台，产品更为多元化和多样化，更加重视用户体验和产品的闭环设计。第一，这个平台是开放的，可以整合全球的各种资源；第二，这个平台可以让所有的用户参与进来，实现企业和用户之间的零距离。在互联网时代，用户的需求变化越来越快，越来越难以捉摸，单靠企业自身所拥有的资源、人才和能力很难快速满足用户的个性化需求，这就要求打开企业的边界，建立一个更大的商业生态网络来满足用户的个性化需求。通过平台以最快的速度汇聚资源，满足用户多元化的个性化需求。因此，平台模式的精髓在于打造一个多方共赢互利的生态圈。但是对于传统企业而言，不要轻易尝试做平台，尤其是中小企业不应该一味地追求大而全、做大平台，而是应该集中自己的优势资源，发现自身产品或服务的独特性，精准定位目标用户，发掘出用户的痛点，设计好针对用户痛点的极致产品，围绕产品打造核心用户群，并以此为据点快速地打造一个品牌。

3.2.6 "互联网+"新技术革命

纵览移动互联网的发展历史和演进趋势，其关键技术（图3.3）主要包括终端先进制造技术、终端硬件平台技术、终端软件平台技术、网络服务平台技术、应用服务平台技术、网络安全控制技术。

应用层	应用服务平台技术	网络安全控制技术
网络层	网络服务平台技术	
终端层	终端软件平台技术	
	终端硬件平台技术	
	终端先进制造技术	

图 3.3　移动互联网关键技术

1. 终端技术

移动终端技术主要包括终端制造技术、终端硬件技术和终端软件技术 3 类。终端制造技术是一类集成了机械工程、自动化、信息、电子技术等所形成的技术、设备和系统的统称。终端硬件技术是实现移动互联网信息输入、信息输出、信息存储与处理等技术的统称，一般分为处理器芯片技术、人机交互技术等。终端软件技术是指通过用户与硬件间的接口界面与移动终端进行数据或信息交换的技术的统称，一般分为移动操作系统、移动中间件及移动应用程序等技术。

2. 网络服务平台技术

网络服务平台技术是指将两台或多台移动互联网终端设备接入互联网的计算机信息技术的统称。

（1）移动网络接入技术。移动网络接入技术主要包括：移动通信网络、无线局域网（WLAN）、无线 MESH 网络（WMN）及其他接入网络技术、异构无线网络融合技术等。

（2）移动网络管理技术。移动网络管理技术主要有 IP 移动性管理技术和媒体独立切换协议两类。IP 移动性管理技术能够使移动终端在异构无线网络中漫游，是一种网络层的移动性管理技术。目前正在发展移动 IPv6 技术，移动 IPv6 协议有着足够大的地址空间和较高的安全性，能够实现自动的地址配置并有效解决了三角路由问题。媒体独立切换协议也就是 IEEE 802.21 协议，能解决异构网络之间的切换与互操作的问题。

3. 应用服务平台技术

应用服务平台技术是指通过各种协议把应用提供给移动互联网终端的技术统称，主要包括云计算、HTML 5.0、Widget、Mashup、RSS、P2P 等。

（1）云计算。云计算是指服务的交付和使用模式，即通过网络以按需、易扩展的方式获得所需的服务。这种服务可以是与 IT（信息技术）、软件和互联网相关的，也可以是其他任意服务。它是一种基于互联网的计算方式，可实现共享软硬件资源和信息并按需提供给计算机和其他设备，包括互联网上的应用服务及在数据中心提供这些服务的软硬件设施。云计算的核心理念是统一管理和调度使用网络连接的大量计算资源，以计算资源池的方式为用户源源不断地按需提供服务。云计算使用分布式计算机来完成海量计算而不再是由本地计算机或远程服务器来实现。

（2）HTML 5.0 技术。与以前的 HTML 版本相比，HTML 5.0 提供了一些新的元素和属性，如嵌入了音频、视频、图片的函数、客户端数据存储和交互式文档，内建了加速网页 3D 图形界面应用的技术标准 WebGL，有利于搜索引擎进行索引整理和手机等小屏幕装置的使用。

（3）Widget 技术。Widget（微件）是一小块可以在任意基于 HTML 的 Web 页面上执行的代码，它的表现形式可能是视频、地图、新闻、小游戏等，其根本思想来源于代码复用。通常情况下 Widget 的代码形式包含 DHTML（动态超文本标记语言）、JavaScript 以及 Adobe Flash。

（4）Mashup 技术。Mashup 将两种以上使用公共或者私有数据库的 Web 应用加在一起形成一个整合应用，是通过多种渠道将多个源的数据和应用功能揉合起来创建全新的服务。Mashup 的典型应用：地图 Mashup、视频和图像、搜索和购物、新闻 Mashup、微博 Mashup。

（5）RSS 技术。RSS（聚合内容）是一种描述和同步网站内容的技术，是资源共享模式的延伸。RSS 技术被广泛使用在时效性比较强的内容中。例如在网站发布一个 RSS Feed，这个 RSS Feed 中包含的信息能直接被其他网站调用，用户可以快速获取网站上最新更新的内容。

（6）P2P 技术。P2P（点对点技术）又称对等互联网络技术，是一种用户终端之间不通过中介设备直接交换数据和资源的技术。P2P 的本质是把集中处理和存储转化为分布式处理和存储，它改变了互联网以服务器为中心的状态，使得网络应用的核心从中央服务器扩散到终端设备。P2P 典型应用包括服务共享、应用协作、构建充当基层架构的互联系统等。

4. 移动网络安全技术

移动网络安全技术主要分为移动终端安全、移动网络安全、移动应用安全和位置隐私保护等技术。

移动终端安全主要包括终端设备安全及其信息内容的安全，如信息内容被非法篡改和访问，或通过操作系统修改终端的有用信息，使用病毒和恶意代码对系统进行破坏，也可能越权访问各种互联网资源，泄漏隐私信息等。移动终端安全技术主要包括用户信息的加密存储技术、软件签名技术、病毒（木马）防护技术、主机防火墙技术等。

移动网络安全技术重点关注接入网及 IP 承载网/互联网的安全，主要关键技术包括数据加密、身份识别认证、异常流量监测与控制、网络隔离与交换、信令及协议过滤、攻防与溯源等技术。

移动应用安全技术可分解为云计算安全技术和不良信息监测技术。云计算安全技术重点解决数据安全、隐私保护、虚拟化运行环境安全、动态云安全服务等问题。不良信息监测技术重点解决检测算法准确率不高、处理及审核流程不同、网站通过代理逃避封堵等问题。

位置隐私保护是当前移动用户最关心的问题，也是移动互联网安全的重要组成部分。位置隐私保护技术主要包括制定高效的位置信息的存储和访问标准、隐藏用户身份及与位置的关系、位置匿名等。

3.3 融入"大众创业"

3.3.1 "互联网+"创新创业机遇

1. 国家政策的支持

"大众创业、万众创新"和"互联网+"行动计划已写入2015年《政府工作报告》，意味着"大众创业、万众创新"在我国当前的发展阶段是能让中国经济继续腾飞的一个重要的战略措施；"互联网+"作为一项战略性新兴产业，将为国家战略迎来新的发展机遇。李克强总理在参加首届世界互联网大会时表示，推动"大众创业、万众创新"，既可以扩大就业、增加居民收入，又有利于促进社会纵向流动和公平正义；在北京中关村创业大街调研时强调，推动"大众创业、万众创新"是充分激发亿万群众智慧和创造力的重大改革举措，是实现国家强盛、人民富裕的重要途径，要坚决消除各种束缚和桎梏，让创新创业成为时代潮流，汇聚起经济社会发展的强大新动能。

互联网是"大众创业、万众创新"的新工具。只要"一机在手""人在线上"，实现"电脑+人脑"的融合，就可以通过"创客""众筹""众包"等方式获取大量知识信息，对接众多创业投资，引爆无限创意创造。2015年是"大众创业、万众创新"与"互联网+"产业融合政策大利好之年，从中央到地方，已迎来了一个前所未有的创新创业、促进产业转型升级的大好时代。而现在创新创业已经成为一种思维模式，创业者要抓住国家对创新创业和互联网的政策，借力"互联网+"进行技术创新，通过"互联网+"创新提升企业和产业的信息化程度，不断变革，取得转型上的成功。

2. 经济转型的需要

金融危机以来，传统经济增长下行业压力增大，经济增长的动力转换和经济结构的深层调整成为当前中国经济的重要特征。如何应对经济下行的压力？互联网、大数据、云计算、工业4.0、3D打印等技术创新成了拉动经济增长的新引擎。

当前经济发展面临环境容量压力巨大、土地资源紧缺、转型升级艰难等制约，党的十八大提出推动工业化和信息化深度融合，以信息化带动工业化是实现经济转型升级的必由之路。如今，工业化和信息化深度融合成了最具活力的创新领域，成了"大众创业、万众创新"的热土，成了企业转型升级的一个重要方向。

将互联网技术与创新创业需求相结合，不仅是新常态经济发展的驱动力，也是创新驱动发展的新特征。互联网与其他行业企业的跨界融合催生了大量新技术、新业态和经济新增长点，推动了产业迈向中高端，带动了创新创业，促进了整个社会经济的转型升级。

3. 制度和技术创新的驱动

在这轮"互联网+"的"大众创业"浪潮里面，最重要的创新是一系列制度创新，这些制度创新真正在释放金融能量和制度能量。比如现在正在逐步推进的工商注册制的改革，改革的主要内容是按照便捷高效、规范统一、宽进严管的原则，放宽注册资本登记条件，将企业年检制度改为年度报告制度，放宽市场主体住所登记条件，大力推进企业诚信制度建设，推进注册资本由实缴登记制改为认缴登记制，促进建立诚信、公平、有序的市场秩序。通过工商制度改革，使得公司注册门槛和创业成本最大限度地降低，有利于激发民众的创业热情，给社会经济发展注入活力和动力。

"互联网+"时代是技术创新的结果,云计算、移动互联、大数据、3D打印等新的技术和概念层出不穷。以移动互联为例,中国已经是全球互联网网民数量最多的国家,手机上网的人数和流量已经超过了电脑。在这样的大市场前景之下,互联网创业、移动互联网创业早已不是新鲜话题。移动互联正在改变着我们的生活,吃饭用大众点评,看电影用猫眼,旅游用携程、途牛,打车用滴滴,这些手机的客户端已经逐步深入到我们的生活,成为我们生活的必需品。在国家督促通信网络提速降费之后,三大运营商公布了具体提速降费方案。网速提升和费用下降不仅降低了移动互联网领域创业公司的成本,更将拉动相关消费。在巨头未全面渗入或还不够重视的移动互联网版图里,尚未垂直细分领域,在发展初期竞争相对不太激烈,不需要太多的资源支持,只需要凭借优秀的产品创意就很可能抢得先机,从而赢得一块市场。

4. 创业成本的降低

"互联网+"创业的"低门槛"已经成为共识。互联网加速了知识和信息的自由流动,极大降低了创业成本和门槛。互联网对传统行业的渗透与融合,正深刻改变着各行业的生产组织方式、要素配置方式、产品形态和商业服务模式。

随着国家政策的大力支持,年轻人进行互联网创业越来越容易,创业的速度也越来越快。在"大众创业、万众创新"的大背景下,"互联网+"成为大学生创业的有利条件,大学生已成为创新创业的生力军。互联网的飞速发展给无经验、无资金、无人脉的大学生提供了广阔舞台,只要有好的思路、项目、好导师、好机会,大学生创业就具备了成功的条件。随着社会经济的发展和互联网的普及,大学生选择互联网作为创业的平台已成为一种经济和社会现象。经济发展进入新常态,作为创业的活跃群体,大学生可以根据自己的长处投入创业大潮。

5. 创业机会的均等

"互联网+"已然成为创新创业最热门的抓手,就是一个打破垄断再制造一个垄断的过程。在"互联网+"时代，创业者有了无限的创业机遇，每天都有大量接触商业平台的机会。对于没有雄厚资本的年轻人来说，只要有一个极具创意的点子，就有可能通过自己的激情和思维做出一番事业，这正是"互联网+"创业的魅力。过去创业是谋生的手段，现在创业是生活的方式。过去创新是个人的爱好，现在创新是大众的分享。

案例

外语和职业教育是目前最火热、竞争相对激烈的两大细分领域。而其中的沪江网是老牌的在线教育平台，借助"互联网+"的热潮一下子成为行业的弄潮儿，成功登上了外语学习的宝座。在职业教育领域，新兴创业平台——极客学院，作为IT职业在线教育的第一品牌，无疑让无数的老牌平台都望尘莫及。

所以每个行业每个细分领域的创业公司都有自己的机会。一般来说，创业者的创业项目的切入最好是避开与大公司直接竞争，做一个相对来说垂直和细分的行业，这是相对安全的。

案例

在2015贵阳国际大数据产业博览会暨全球大数据时代贵阳峰会上，马云说："前段时间我面试了6个年轻人，我是倒吸了一口凉气，我幸好是15年前创业，要是今天创业，肯定被这帮小子活活搞死。因为他们用的是大数据，他们用的是互联网模式，他们说的很多东西我不是很理解。但是我相信，一旦我理解，我会越来越恐慌。""互联网+"作为创新创业的工具不断兴起，给年轻创业者提供了一个与大佬掰手腕的机会。

6. 传统产业创新的倒逼

当"互联网+"时代到来，传统产业面临着巨大挑战，如果不主动创新对接互联网，势必会被时代所淘汰。互联网与传统产业的跨界融合是一种创新，催生了大量新技术、新业态和经济新增长点，推动了产业迈向中高端、带动了创新创业、促进了整个社会经济的转型升级。无论是传统的国企还是新兴的民企，甚至是农业都通过互联网让传统产业创造了新的服务方式、获得新的发展机会。

互联网已日益成为当前创新驱动发展的先导力量。在传统产业的创新过程中，充分发挥互联网在生产要素配置中的优化和集成作用，将互联网的创新成果深度融合于传统产业的各个环节，提升传统产业的创新力和生产力，形成更广泛的以互联网为基础设施和实现工具的经济发展新形态。

3.3.2 "互联网+"创新创业挑战

在当前形势下，大学生创业虽然面临多方面机遇，也有自身的有利条件，但由于经济与社会发展始终处在激烈竞争之中，加上创业总是伴随着风险与不确定因素。因而，大学生创业面临的挑战也是多方面的。

1. 经济环境有待改善

国际国内经济形势依然不容乐观，许多国家又重新采取了市场保护政策，贸易保护主义不断蔓延。我国的出口贸易受到一些国家的阻扰和限制。金融危机对我国不少企业，包括虚拟经济体与实体经济造成了不同程度的损失，银行借贷、资产通缩、投资无助、消费疲软的现象尚未完全解除。在这种情况下，创业还需要面对来自国内汇率、成本、信贷和税收调整的诸多矛盾，创业形势依然严峻。

2. 社会经验不足

对于创业中的挫折和失败，许多创业者感到非常的痛苦茫然，甚至沮丧消沉。大家在创业的很多时候看到的是成功的例子，心态自然都是理想主义。其实，成功的背后还有更多的失败。看到成功，也看到失败，这才是真正的市场，只有这样，才能使年轻的创业者们变得更加理智。

3. 市场意识、商业管理经验缺乏

急于求成、缺乏市场意识及商业管理经验，是影响大学生成功创业的重要因素。大学生虽然掌握了一定的书本知识，但终究缺乏必要的实践能力和经营管理经验。此外，由于大学生对市场营销缺乏足够的认识，很难一下子胜任企业经理人的角色。

4. 市场观念淡薄

不少大学生很乐于向投资人大谈自己的技术如何领先与独特，却很少涉及这些技术或产品究竟有多大的市场空间。就算谈到市场的话题，他们也多半只会计划花钱做做广告而已，对于诸如目标市场定位与营销手段组合这些重要方面，则全然没有概念。其实，真正能引起投资人兴趣的并不一定是那些先进的不得了的东西，相反，那些技术含量一般但能切中市场需求的产品或服务，常常会得到投资人的青睐。创业者应该具有非常明确的市场营销计划，能强有力地证明盈利的可能性。

第 4 章

创业机会

学习目标

- 了解创业机会的概述及创业机会的特征。
- 能识别创业机会。
- 学会创业项目的分析、选择。

> **案例**

识别机会 创立企业

2016年刚步入初夏的时候,一辆辆银白车架、红色轮圈的单车划过人们的视野,并以迅雷不及掩耳的速度从街头刷到了朋友圈,它们就是当下的"网红产品"——摩拜单车。2016年4月,摩拜单车正式上线并在上海投入运营,9月宣布全面进入北京。从名不见经传到家喻户晓,摩拜单车只用了不到5个月的时间,并在两年的时间里成为为数不多估值达到百亿的公司。看到自己创办的公司取得的巨大成果,胡玮炜不禁感慨万千。回想起自己的职业生涯,从一名整天为热点新闻奔波的普通记者,到初尝甜头创办新媒体网站,再到二次创业创立爆红的摩拜单车,记忆的闸门就此打开,一幕幕画面在眼前慢慢浮现。

1982年,胡玮炜出生于浙江东阳一个父母均经商的家庭里,耳濡目染的她有一颗"不安分"的心。在中学期间,她就想做一名记者。于是,2004年她从浙江大学城市学院新闻系毕业后,就在《每日经济新闻》做了汽车记者的工作,后来跳槽到《商业价值》和极客公园做汽车相关领域的科技报道。在做记者的十年时间里,胡玮炜每天都会和同事讨论很多关于未来的、可穿戴设备的以及智能科技的选题,而每次讨论她都能带领大家打开新视野,产生更多新想法,这让她本就"不安分"的心变得更加躁动。她还是一个拥有强烈好奇心的人,在做汽车媒体的时候,当其他记者在想如何采访荣威的相关技术人员时,她却一直在为自己争取参与荣威550汽车产品迭代过程的项目。她想更深入地了解汽车行业的运行及新产品的产生。

一次偶然的机会,胡玮炜参加了美国拉斯维加斯的一个消费类电子展。展会上介绍的关于未来的交通出行的内容引起了她极大的兴趣,她意识到未来出行行业将会发生很大的变化，于是她产生了开辟一个汽车和科技小栏目的想法。胡玮炜回国后立即把它告诉她的老板，但是没有获得认可。她曾经这么评价自己：

"我不是一个特别有野心和企图心的人，但是我是那种心里有一个想法就一直不停地督促自己去做的人。"

于是，在前前后后思考了半年多后，她毅然辞职选择自主创业，创办了一家主打汽车科技的新媒体网站——极客汽车。

不管是在做汽车媒体，还是在运营极客汽车的过程中，胡玮炜结交了很多汽车行业里的先锋派，他们经常在一起讨论汽车行业发展缓慢的原因以及未来的出行方式。在聊天中，他们很多人都表示个人交通工具会回归到电动车、自行车等初始代步工具。

"你看，现在朋友圈都不晒名牌汽车、名牌包包、豪宅了，更多的人群开始关注健康，比如晒一下马甲线、减掉啤酒肚、跑了马拉松等，可见，回归本质的东西很有市场呀。在咱们这个行业，说不定可以回归到最初的自行车市场。"

"是呀，虽然很多城市已经有公共自行车的项目，但它们主要靠政府运营，依赖国家补贴。而且，他们的租车手续很繁琐，还必须办交通卡，只有一小部分市民会使用，这就造成了很大的浪费啊。"

其实，胡玮炜也认为自行车会是未来交通工具的发展趋势，让自行车回归城市的想法很酷。结合第一次创业的经历，在有了这个想法后她首先对中国的用户需求和市场进行了调研。调查表明0~5公里的短途出行在市场上占据很大比例，而现阶段的出行方式比如打车、地铁、公交、自驾出行等都不能获得很好的体验。另外，越来越多的人们开始追求健康的生活方式，而国家也在大力提倡绿色和环保出行，这些都使得胡玮炜越来越坚信这是一个绝佳的商机。但是，调查中也发现自行车存在被偷或者骑行不方便等问题。那时候她在想，如果我具备机器猫的能力就好了，需要自行车的时候能随时从口袋里掏出一辆，不需要的时候又可以随时放进口袋。但这也只是幻想罢了，具体的方案和模式仍然困扰着她。

有一天，她在跟一些工业设计师和天使投资人聊天的时候，蔚来汽车的董事长李斌问："有没有想过我们做共享单车呢？用手机扫描开锁的那种。"听到这句话，胡玮炜有一种立刻被击中了的感觉，这个操作可以将她的幻想付诸实践，使随骑随停的功能得以实现。于是她马上说："我可以做这个。"

与胡玮炜的态度截然相反，身边的那些工业设计师一直在忧虑共享单车可能会面临的问题。他们不断地论证共享单车有多难，会遇到自行车被偷走，不知道布局在什么地方，城市骑行道路不完善等各种各样的问题。在经过深思熟虑后，其他人都选择了退出，只有胡玮炜还坚持最初的观点，"骑行改变城市"的愿景在她心中生根发芽。她的"直觉"告诉她，这是一个很好的项目。"媒体人"的身份以及女性创业者"感情用事"的标签使她遭到了很多质疑，但她没有被反对声吓倒。相反，她更加坚定了创立摩拜的决心。2015年1月，摩拜单车正式成立。

胡玮炜在创建摩拜单车的初创期，在所有人都不看好共享单车这个机会的情况下，坚持了自己的初衷。在企业初创期识别机会，仅用了两年时间，就把摩拜单车从零做到估值百亿，她的创业学习历程值得学习，其引发的创业机会识别问题更值得深入思考和探究。

4.1 创业机会

4.1.1 创业机会的概念

创业机会是未明确市场需求或未充分使用的资源或能力，创业者据此可以为客户提供有价值的产品或服务，并同时使自身获益。创业机会有三个重要的属性：一是创业者有条件利用；二是能持续一段时间；三是市场会成长。

创业机会属于更广义的商业机会范畴，不同于一般意义的商业机会，其独特性在于能经由重新组合资源来创造一种新的目的—手段关系，具有创造超额经济利润的潜力，而商业机会只可能改善现有利润水平。

创业机会也不同于创意，创意是具有一定创造性的想法或概念，它存在于人们的头脑思维中。一个创意能否转换为创业机会还要看其在市场环境中能否行得通，即是否具有商业价值。创业机会与创意的区别在于，创业机会不仅要有创新性、新颖性，还要有现实意义；不仅要吸引人们的眼球、能为市场提供产品或服务，还要有实现盈利的能力。

4.1.2 创业机会的特征

1. 价值性

创业机会必须要能为市场所接受，也就是说创业者开发该创业机会所提供的产品或服务必须能够满足消费者的某种需求，能给人们带来价值。同时，创业者通过开发创业机会，能够得到利润回报，给自己带来盈利。

2. 隐匿性

创业机会是一种无形的事物，它总是存在于人们的潜意识中，无法用视觉看到它，需要创业者通过对市场的观察、了解、分析和调查才能发掘出真正的创业机会。如果不注意自身知识、经验的总结和积淀，再好的创业机会出现在面前也会"视而不见"。

3. 时效性

机会最显著的特征是它的时效性，正所谓"机不可失，时不再来"。时效性是指创业机会必须在其存续的时间内被发现并利用，这个存续时间是指将商业想法推广到市场所花费的时间，也称为"机会窗口"。虽然随时都可能会有机会出现，但同样的机会是不会重新再来的。同时，由于机会往往是被社会所共有的，稍有迟疑，机会就可能会被别人抢走。越早发现创业机会并采取措施将机会付诸实践，创业成功的可能性就越大。

4.2 创业机会的识别

4.2.1 创业机会的来源

创业机会的识别是创业成功的前提条件和必要条件，也是创业的关键问题之一。但是，创业机会存在于何处？总的来讲，创业机会来源于市场需求和变化之中，创业者要在这些市场需求和变化中寻找适宜的创业机会。

1. 问题需求

现有的市场存在尚未满足或完全满足的需求，这些未满足的需求即现实生活中待解决的问题所在。创业者可以对现有市场进行细分，找到"市场空隙"，深入研究市场需求，解决实际问题，寻找到适合自身发展的创业机会。

2. 发展变化

一方面，科学技术不断创新，那些具有潜在价值的新技术的应用、新工艺的开发，能够改变人们的工作、学习和生活方式，进而带来新的市场需求，创造新的价值，带来新的创业机会。另一方面，经济活动的多样化、个性化以及不断发展推动了市场需求的多样化，消费潮流和消费观念的不断变化同样带来巨大的商机。除此之外，政治和制度变革、社会和人口结构变革、产业结构变革等都可能不断带来新的创业机会。

3. 兴趣爱好

创业者自身的兴趣爱好通常也是创业机会萌发的重要来源。所谓"隔行如隔山""熟能生巧"，很多创业者都倾向于从个人的兴趣领域入手，并结合自身的知识技能和特长来实施创业，同样可能从中找到富有价值的创业机会。并且由兴趣而创业是一个较好的选择，创业的过程往往会非常痛苦，会经历各种各样的风险，兴趣则会让创业者充满热情，不断克服各种困难，直至创业成功。

4.2.2 创业机会的识别过程

从创业过程角度来说，创业机会识别是创业的起点，也是创业过程的重要环节，这一环节出现问题就会使创业活动产生偏离。如何从复杂多变的市场环境中识别出有潜在商业价值的机会，并对它进行评价，形成自己的创业项目，进而创办新企业，并最终表现在能够创造有价值的产品或服务之中，是每个创业者必须把握的关键问题。创业机会的识别过程大体可分为三个阶段。

1. 准备孵化阶段

创业者首先要基于自己的兴趣爱好、先前经验积累、信息把握等进行创意的搜寻，如果某一创意可能是潜在的商业机会，具有潜在的发展价值，就可以形成创业想法。

2. 识别分析阶段

在创业机会初步形成以后，我们要评估创业机会是否具有现实的可操作性，要从政策、经济、技术、社会和环境等各个方面对创业机会进行可行性的论证。首先通过对整体市场环境及一般的产业分析来判断该机会是否在广泛意义上属于有价值的商业机会，然后考察对于特定的创业者来讲这一机会是否有价值。

3. 评估决策阶段

在开发创业机会前，对初步选定的创业项目还要进行大量的市场调研和数据分析。在了解创业机会目标市场和竞争优势的基础上，通过一套评估标准，探清创业机会的原始市场规模、创业机会存在的时间跨度、创业机会的市场规模随时间增长的速度，以此对创业机会面临的市场的大小和它将产生的经济效益的高低作出基本评判和合理性的论证，进而作出是否开发创业机会的决策。

4.3 创业项目分析评估及选择

4.3.1 创业项目分析评估

1. 团队能力

早期的创业项目，投资人主要看的是团队。团队的强弱是相对而言的，是根据项目本身所处的方向及采用的模式而言的。考量创业团队实力的因素既包括创始人本身的知识、经验、性格等，也包括创业团队成员之间的搭配是否合理，成员之间的关系是否稳定等。

2. 市场大小

创业项目的市场大小可以从三个方面来分析：一是存量大小，即目前市场有多大；二是增量大小，即随着发展市场未来会有多大，市场的延展性如何；三是增长速度的大小和增长方式，即市场本身很大，并且是高速增长的增量市场。那些市场发展空间越大的项目，市场价值就越大，创业项目就越有价值。

3. 频率高低

消费者使用产品或服务的频率高低是分析创业项目的一个重要参考维度。一般情况下，高频使用比低频使用更有优势，高频需求可以带动低频需求，因为高频的产品或服务，其消费者的黏性好、使用习惯更容易被用户接受。当然，也不是所有的产品或服务都存在这样的论断，比如，房子这种低频、高价的产品就不属于这种情况。

4. 模式轻重

所谓的模式轻重是指一个创业项目采取的模式需要投入资源的程度多少。一般情况下，模式重的项目投入多、复制慢，模式轻的项目投入少、复制快。究竟哪种模式好，要看是否能给目标市场一个满意的体验，并且轻重是个动态过程，会不断发生变化，这还要依据创业者的战略来决定。

5. 投资效益

创业的目标就是要获得收益，这要求创业项目能够有合理的盈利能力，好的创业项目通常具有较短的获得盈利时间。同时，创业竞争优势的来源之一就是成本，较低的成本会给创业企业带来较大的竞争优势。因此，那些投资小、效益大、回报高、风险低的项目是较好的创业选择。

以上几个维度是分析评估创业项目较好的参考，但不代表从这几个维度就能全面分析一个创业项目，还有很多维度都可以分析。因此，分析评估创业项目是一个循环往复的认知过程，它需要经过采集、整理、调查、研究、总结等环节的循环进行。

4.3.2 创业项目选择

创业项目的选择需要经过项目的初选、项目的准备，再对项目进行评估，最后选择适合自己的创业项目。创业项目的选择应考虑以下四个基本问题。

1. 选择适合自己的项目

创业活动是创业者与创业机会的高度结合，一方面创业者识别并开发创业机会，另一方面创业机会也在选择创业者，只有创业者和创业机会之间存在着恰当的匹配关系时，创业活动才最可能发生，也更可能取得成功。因此，创业者应充分考虑外在条件和自身优势，根据自身的综合实力和可以动用的资源来评价创业项目，选择与自己的专业、经验、兴趣、特长相吻合的项目，这样才能具有内在和持久的动力，创业成功的可能性才更大。

2. 要有风险防范意识

选择创业项目要有风险防范意识，不宜选择风险太大的项目。选择了某个项目后，最好适量介入，以较少的投资来了解和认识市场。同时要有"退出成本"概念，尽量选择退出成本较低的项目，即使出现失误，创业失败，也有挽回的机会，创业者有能力承受。

3. 理性"跟风"

在当今信息爆炸的互联网时代，各种信息充斥每个角落，面对海量的信息，作为一个理智的创业者应当学会从这些信息中甄选，找到有价值且适合自己的创业项目，切勿人云亦云，盲目跟风。一些当前最流行、最赚钱的行业，往往市场已经饱和或趋于饱和，利润也不如早期大，盲目闯入容易造成投资损失。创业者应尽可能使自己的项目具有特色，切不可盲目追求社会经济热点，以避免决策失误。

4. 深入调研，科学取舍

对初选的项目，要认真进行市场调研、市场分析与预测、最佳方案技术论证、经济分析与比较和投资风险分析，慎重确定创业项目。

4.4 创业风险识别及规避

4.4.1 创业风险概述

1. 风险与创业风险

很多时候我们都将风险和失败、亏损联系在一起，其实这是不全面甚至是错误的看法。对于风险的理解，一般有两个角度，一个角度强调了风险表现为结果的不确定性，另一个角度则强调为损失的不确定性。前者属于广义上的风险，说明未来利润多寡的不确定性，可能是获利、损失或者无损失也无获利；后者属于狭义上的风险，只表现为损失，没有获利的可能性。

对于创业风险的含义，我们更倾向于从广义的角度进行理解。创业风险是指由于创业环境的不确定性，创业机会与创业企业的复杂性，创业者、创业团队和创业投资者的能力与实力的有限性，从而导致创业活动偏离预期目标的可能性及其后果。

从创业风险概念中我们可以看到，创业风险一是指风险因素，即创业过程中有可能遇到某些风险因素的干扰；二是一旦某些风险因素真正发生，创业者即会阶段性遇到很难克服的困难，导致创业活动难以推进，甚至创业的失败。

2. 创业风险的类型

从不同的角度可以将创业风险做出若干种分类，本书主要根据内容划分，介绍新创企业最常见的创业风险，主要包括市场风险、技术风险、管理风险、财务风险、环境风险等。

（1）市场风险

市场风险主要是指在创业的市场实现环节，由于市场情况的不确定性而由此导致创业者或创业企业损失的可能性，主要表现在以下几个方面：市场需求量的不确定性、市场接受时间的不确定性、市场竞争能力的不确定性、竞争战略的不确定性。

（2）技术风险

技术风险是指由于技术因素及其变化的不确定性而导致创业失败的可能性，主要表现在以下几个方面：技术成功的不确定性、技术寿命的不确定性、技术前景的不确定性、技术效果的不确定性。

（3）管理风险

管理风险是指创业运营过程中由于信息不对称、管理不善等所带来的风险，主要表现在以下几个方面：创业者的素质低下、决策随意、管理制度风险、机会风险和营销管理风险等。

（4）财务风险

财务风险是指因资金不能适时供应而给企业带来的风险。在新创办的企业中，有80%的企业生命周期不过3年，最主要的原因就是财务风险的影响，主要表现在：对创业所需资金预估不足、难以及时筹措创业资金、创业企业财务结构不合理、融资不当、现金流管理不力等。

（5）环境风险

环境风险是指由于创业活动所处外部环境的变化给企业带来的风险，主要表现在以下几个方面：经济环境风险、政治法律风险、社会文化环境风险、自然环境和人口环境风险。

3. 创业风险识别

创业风险识别是指创业者依据创业活动的迹象，在各类风险事件发生前运用科学方法对创业过程中的各种不确定性进行辨认和鉴别，发现风险是一项系统性、连续性、制度性的工作。

感知风险和识别风险是创业风险识别的基本内容。前者是通过调查了解，识别创业风险的存在；后者是通过归类，掌握创业风险产生的原因和条件，以及鉴别创业风险的性质，为采取有效的风险处理措施提供基础。创业风险识别不仅要识别创业所面临的显性风险，更重要的、也是最困难的是识别创业过程中的各种潜在风险。

（1）创业风险识别基本方法

一般而言，风险识别的方法包括信息源调查法、数据对照法、资产损失分析法、环境扫描法、风险树分析法、情景分析法、风险清单法。有能力的企业也可以自行设计识别的方法，比如专家调查法、流程图分析法、财务报表分析法、SWOT分析法等。

（2）创业风险识别基本步骤

1）信息收集

通过调查、问讯、现场考察等途径确定导致创业目标不确定性的客观存在的风险。收集信息可以通过两个途径：一是内部积累或者专人负责；二是借助外部专业机构的力量。后者可获得足够多的信息资料，有助于较全面、较好地识别面临的潜在风险。

2）建立创业风险因素清单

对收集到的信息进行敏锐的观察和科学的分析，然后对各类数据及现象作出处理。根据信息分析结果，确定风险或潜在风险的范围，列出创业风险因素清单，因素罗列尽可能做到全面。

3）风险因素排序

根据量化结果，运用定量分析、定性分析、假设、模拟等方法，进行风险影响评估，预计可能发生的后果。根据企业在运营过程中可能遇到的风险，逐步找出一级风险因素，然后再进行细化，延伸到二级风险因素，再延伸到三级风险因素，进行创业风险因素分类和排序。

4）重点评估

根据风险因素清单，确定重要的风险事件，并对其可能的结果进行测算，提出方案选择。

5）拟定计划

提出处理风险的方法和行动方案。

4.4.2 创业风险防范和控制

作为创业者，在创业前和创业中都必须对风险作出分析和判断，根据自己创业项目的特点，以正确的方法制定风险防范措施。把风险考虑得越周全，防范措施越扎实，创业途中的风险就越低，损失就越小，创业成功的概率就越高。

防范和控制创业风险的方法主要有以下几种。

1. 分散转移法

通过企业之间联营、多种经营及对外投资多元化等方式分散创业风险。对于风险较大的创业项目，可以与其他企业形成战略联盟，实现收益共享，风险共担，从而分散创业风险，甚至可以通过购买保险的方式将创业损失的风险转移给保险公司承担。另外，市场需求具有不确定性、易变性，在初创企业进入稳步发展的阶段后，为分散风险可以采取多角化经营，即同时生产、经营一些利润率独立或不完全相关的产品或服务，使高利和低利项目、旺季和淡季、畅销商品和滞销商品在时间上、数量上互相补充或抵消，以弥补因某一方面的损失给创业带来的风险。

2. 降低法

企业面对客观存在的风险，努力采取措施降低各种创业风险。例如，在创业融资时，企业可以采用联营方式，将投资风险部分转移给参与投资的其他企业，以降低创业财务风险。在生产经营活动中，企业可以通过提高产品质量、改进产品设计、努力开发新产品及开拓新市场等手段，提高产品的竞争力，降低因产品滞销、市场占有率下降而产生的产品风险。另外，企业也可以通过付出一定代价的方式来降低产生风险损失的可能性，例如建立风险控制系统，配备专门人员对财务风险进行预测、分析、监控，以便及时发现及化解风险。

3. 自我保险法

自我保险法即企业自身承担风险，比如创业企业预先提留风险补偿资金，实行分期摊销，以此降低风险损失对企业正常生产经营的影响。

4. 回避法

企业在选择创业方案时，应综合评价各种方案可能产生的创业风险，在保证创业目标实现的前提下，选择风险较小的方案，以达到回避创业风险的目的。

第5章

创业者和创业团队

学习目标

- 懂得如何选择适合自己团队的合伙人。
- 作为创业者要明白合伙的原则。
- 了解创业股份及权益分配。

5.1 创业合伙人的选择

> 案例

聚美优品陈欧的创业路

你只闻到我的香水,却没看到我的汗水;你有你的规则,我有我的选择;你否定我的现在,我决定我的未来;你嘲笑我一无所有不配去爱,我可怜你总是等待;你可以轻视我们的年轻,我们会证明这是谁的时代。梦想,是注定孤独的旅行,路上少不了质疑和嘲笑,但,那又怎样?哪怕遍体鳞伤,也要活得漂亮。我是陈欧,我为自己代言。

——陈欧

在外人眼中,他是幸运儿,创业仅仅 4 年的聚美优品已经在纽交所成功上市,年纪轻轻的他一夜之间就成了亿万富豪。他却是这样总结自己的创业之路:要想成功,先要迈过失败那道坎。他叫陈欧,是"我为自己代言"的聚美优品 CEO。

在南洋理工大学读书期间,他第一次尝到失败的滋味。大四那年,仅仅凭着一台笔记本电脑,他就创立了一款在线游戏平台,迅速风靡世界,短时间内吸引了数量庞大的游戏玩家。当游戏平台发展得不错时,陈欧要去斯坦福读 MBA,他找来一个职业经理人打理公司,还从 90%的占股比例中赠送 40%给对方。随着职业经理人引进其他天使投资人,对方所控制的股权比例已经超过 50%,而陈欧只剩 30%多,而且他发现公司已经改了名字。在毫不知情的情况下,他失去了对公司的控制,也失去了话语权。做了两三年的企业白白送人之后,连名字都被改了,这个跟头栽得有点大。

失败是痛苦的，但认输更加痛苦，陈欧显然不想做这个痛苦的人。第二次创业，陈欧选择的还是游戏行业，成立了公司，创业项目是在社交游戏中内置广告。当时这个东西在美国很火，但他很快发现，他们搬来的国外模式在中国行不通。当初意气风发的年轻人被现实泼了一桶冰水，剩下的是无助和焦虑。折腾了数月之后，陈欧发现方向、资源、团队这些创业的基本要素几乎一无所有，转型的方向亦不明确，他再次尝到了失败的滋味。失败不可怕，关键是要知道失败的原因，还要从失败中找到商机。

2010年3月，陈欧、戴雨森联合创立聚美优品，以团购模式切入化妆品电商行业。生意火得一塌糊涂，但很快遭遇"301"滑铁卢。所谓的"301"就是聚美优品的三周年大促，在团队欢庆的时刻，2013年3月1日凌晨时分，网站出现了崩溃的迹象，凌晨2点，聚美优品网站还是处于崩溃状态。早上6点潮水般的用户就冲向聚美优品，新一轮大瘫痪再次上演，无奈之下，技术人员开始往外踢用户。随后，坏消息接踵而至，真正压垮陈欧和聚美优品的不是服务器崩掉，而是严重的爆仓。堆积成山的货品发不出去，客服电话被打爆，几十万用户十几天收不到货，也联系不到聚美优品。陈欧被网民谩骂，连微博都不太敢发。公司面临严重的信任危机，品牌受到极大的伤害。从云端直接跌进谷底，这更是极大的挫折。

失败不可避免，失败是挫折、是痛苦，更可能是灾难。人人都不想失败，害怕失败，但一定会有失败的时刻。所以失败需要学习、需要适应，更需要奋进和努力。他很庆幸，每次都没有被失败压倒，每次都能从失败中昂起头来，从失败中学习，努力尝试不输，把失败变成成功。大学创业失败的经历，让他明白一个公司如果没有健康的股权组织架构，只是凭借对人单纯的信任感，很难保证未来不出问题，于是，他选择了重新开始。第二次创业，他认识到单纯照搬国外的模式是不行的，于是他积极转型，开始调研国内化妆品市场。聚美优品遭遇"301"滑铁卢，让他认识到网站崩溃意味着技术的系统架构、代码质量存在问题，至于爆仓,则是发单能力远落后于预期。于是,他冷静下来,正视公司发展中揠苗助长的过程,开始重视整个团队的发展。陈欧就是这样一个人,他知道输、如何不输、如何从输到赢。

现在,聚美优品已经成为中国最大的化妆品限时折扣网站,于 2014 年 5 月 16 日在纽交所成功上市,陈欧也成了人人羡慕的亿万富豪。在聚美优品的广告中,陈欧为自己代言,他一番励志的话语激励了更多正在创业的年轻人。他说:"也许会失败,但人生很短,千万不能让自己后悔。哪怕遍体鳞伤,也要活得漂亮。要想成功,先要迈过失败那道坎。"

(本篇文章来源于搜狐网,略有改动,原文链接:http://www.sohu.com/a/145159146_549639)

创业并不是一件轻松容易的事情,创业的人都有一颗强大的内心,他们天生爱冒险,能够承受创业过程中的各种喜怒哀乐。在创业过程中并不总是一帆风顺的,如何选择合适的创业合伙人,如何构建起自己的创业团队,倘若创业失败应该如何应对等,这些问题都必须经过慎重考虑。陈欧之所以能成功,是因为他具备创业者应有的素质和能力,敢做敢干、勇于承担、敢于面对失败、执着的信念和经商的智慧都是他成功的关键。

5.1.1 创业者的素质与能力

什么样的人适合创业呢?纵观国内外成功的创业者,如微软的比尔盖茨、苹果公司的乔布斯、阿里巴巴的马云、百度的李彦宏、网易的丁磊等,他们虽然充满激情,但又非常理性,敢于打破传统并且勇于创新。总的来说他们身上都具备以下相同的特点:①强烈的进取心,进取心主要表现在创业者对成功充满渴望,这种强烈的渴望激励着创业者勇于面对各种各样的压力和困难,在创业的过程中将困难各个击破,最终走向成功;②冒险性,大多数成功的创业者都是风险偏爱者,冒险也可以理解为有胆量,畏畏缩缩、犹豫不决的人绝不是一个合适的创业者。

创业之路是一条充满艰辛的道路,创业绝不是手到擒来的一件事情,在创业过程中,往往会遇到不同程度的问题和挑战,因此,创业者的素质和能力就显得极其重要,那么,创业者到底需要具备什么样的素质和能力才能在创业的旅程中不断前行,收获越来越多美好的风景呢?

1. 创业者的素质

(1) 强烈的创业欲望

不想当将军的士兵不是好士兵,成功的创业者肯定是一个渴望当将军的士兵,对成功的强烈渴望是创业最基本的条件,不渴望成功的人是永远扶不起的"阿斗"。陈浩是上海文峰国际集团的老板,1995年,他带着仅有的20万元钱只身来到上海,从一个小小的美容店做起,现在已经在上海拥有了30多家大型美容院、一家生物制药厂、一家化妆品厂和一所美容美发职业培训学校,并在全国建立了300多家连锁加盟店,据说个人资产超过亿元。陈浩曾说过这么一句话:"一个人的梦想有多大,他的事业就会有多大。" 一个成功的创业者一定是强烈的欲望者,他们中的大多数都是带着内心对创业的渴望去创业,去行动,并最终走向成功。

(2) 健康良好的创业心理品质

健康良好的心理品质主要体现在人的独立性、敢为性、坚韧性、克制性、适应性、合作性等方面,它反映了创业者的意志和情感。在创业初期,创业者首先要塑造良好的创业心理品质,然后再去践行创业心理品质。良好的创业心理品质主要包含以下几个方面:敢为性、独立性、合作性、自克性、坚韧性和适应性。

1) 敢为性即敢于行动、敢冒风险、敢于拼搏、勇于承担。为什么阿里巴巴创始人马云会有创办互联网公司的想法?因为他敢为,他不在乎创业过程中会遇到风险和困难,创业初期谁都不知道是否会成功,但不去行动一定不会成功。

2）独立性即独立思考、判断、选择和行动。任何人都知道创业包含一定的冒险性，创业者肯定会听到各种反对声和异议声，如果马云听从了放弃或者暂缓创办的建议，那么现如今，阿里巴巴可能无法成为中国互联网公司三巨头（BAT）（百度、阿里巴巴、腾讯）之一了。因此，创业者在创业道路上务必要有自己的见解，不要盲目随大流，不能被其他人的看法左右，要有自己的创业目标和创业方向。

3）合作性即善于交流、合作。创业者需要与客户、媒体以及员工打交道，需要通过语言、文字等多种媒介，与周围的人进行有效的交流与沟通。合作既是一股力量也是一笔巨大的财富。《山海经》里的一则故事说，长臂国的长臂人和长腿国的长腿人，各有自己的长处，同时也各有自己的短处。下海捉鱼，一个涉不深，另一个却够不着。可是当长臂人骑在长腿人的肩上时就既能涉得深又能够得着了。这就是相互合作的效果。善于合作，是时代的要求，创业者需要通过与他人的合作排除障碍，借助别人的智慧、能力和才干，最终促进事业的成功。

4）自克性即敢于克服盲目冲动和私利欲望。创业者要善于克制，防止冲动，创业需要的不是冲动，创业活动需要经过科学的调研才能实施，盲目冲动的结果可能导致"竹篮打水一场空"。创业过程中的理想与现实的差距是创业者必然面临的问题，如资金不足、团队组建等都是创业者必须承受的。而学会克制可以帮助创业者避免因一时的冲动而引起缺乏理智的行为。

5）坚韧性即坚持不懈、不屈不挠、顽强努力。1969年，刚满15岁的王健林从四川绵阳来到东北，成了一名娃娃兵。每天背上10多公斤重的装备，在齐膝深的积雪中徒步40公里，每次拉练的总路程甚至长达上千公里。从军18年已经成为团职干部的他，却遇上"百万裁军"。创业初期没资历、没实力，说好的贷款却被银行放了鸽子，为了公司项目，他借过高利贷，甚至9天9夜没睡觉。人人都不想碰的旧城改造他敢接，刚做商业地产的时候，因为不懂，3年之间打了222

场官司。就是这样一个一根筋的人,如今却是无人不知的亚洲首富。创业者需要百折不挠、坚持不懈的毅力,能够根据市场的需要和变化发现实际的问题并解决问题,能够咬牙坚持摆脱困境。困难总会过去,只要能坚持到最后。

6）适应性即善于进行自我调节、适应性强。创业者所处的外部环境以及创业条件是不稳定的,当上述因素发生变化时,创业者必须具备极强的自我调节能力和适应能力,变挑战为机遇,以不变应万变。

（3）竞争意识

无竞争不发展,创业者需要具备竞争意识才能不断进步,最近相互之间寸土必争又高度相仿的"滴滴"和"快的"之争就是马化腾与马云这两大创业"教父"在竞争中学习、在学习中竞争的真实演绎,而且不仅仅是在打车软件上,"二马"之间这种学习与竞争的奇妙关系充斥了很多领域：马云在支付宝基础上推出"余额宝"后,马化腾旗下的微信立即上线了"理财通"；淘宝网一直是马云阿里帝国的基石,马化腾也没有放弃进军电商的努力,继"QQ 网购"之后,现如今将京东商城纳入麾下。在充满压力的创业路上,无竞争不生存,创业者只有敢于竞争,才能进步,才能成功。

马云说过,哪怕 24 个人全反对我也要干；马化腾说过,我曾经缺钱缺到想 50 万卖掉 QQ；刘强东说过,我 34 岁一夜白头；柳传志说过,我 40 岁还在摆地摊；王健林说过,我被迫借过高利贷；宗庆后说过,我那时骑三轮车到处送货；潘石屹说过,我是从铁丝网下面爬进深圳开始创业的。现如今,这些人都光环四射,但是哪一个不是历经了重重困难,才铸就了今天的辉煌呢？

2. 创业者的能力

（1）组织指挥能力

创业者通常情况下也是一个领导者,需要一定的组织和指挥能力,组织指挥能力是一种较高层次的综合能力,需要根据创业的实际需要组织好创业结构和创业计划,并组织创业成员去践行和实施。例如开办一间"水吧",作为组织者便要根据水吧的实际面积、市场饱和度等问题来考虑水吧的开设地点、服务人员的选择等问题。

(2) 善于利用资源的能力

创业者资源,可分为外部资源和内部资源两种。内部资源主要是创业者个人的能力,其所占有的生产资料及知识技能、家族资源等。拥有一份良好的内部资源,对创业者个人来说无疑是重要的,但外部资源的创立同样不可或缺。其中最重要的一点是人脉资源的建立和利用。

在许多成功者的身后都可以看到同学的身影,有少年时代的同学,有大学时代的同学,更有各种成人班级(如进修班、研修班)上的同学。赫赫有名的《福布斯》中国富豪南存辉和胡成中就是小学和中学时的同学,一个是班长,一个是体育委员,后来两人合伙创业,在企业做大以后才分了家,腾讯马化腾也是与大学同学一起创业的。

(3) 创新能力

创新能力是一项综合性能力,与人们的知识、经验等有着密切的联系。当前大学生创业存在的一个共同问题是缺乏创新性,普遍现象便是对创业项目的"复制"和"粘贴",因此,在市场上的存活率往往较低,一旦处于竞争激烈的市场环境下,往往处于劣势地位。因此,如何在竞争激烈的市场中继续前行,不断发展,创业项目必须要有自己的闪光点和创新之处。在苏州,有这样一家建筑公司:老实敬业的人最受尊重;平庸被认为是一种美德;没有人想着发财;职工经常默念的一句话是"我实在没有大的本事,我只有认真工作的态度";员工可以每月预先支取生活费,不用领导签字就可以随时报销,每年还有机会出国旅游;甚至公司会为"终身员工"养老送终。这家企业,就是德胜(苏州)洋楼有限公司。

（4）善于沟通的能力

沟通在创业的道路上是一项必备能力，创业伙伴之间需要沟通，创业者与员工之间、创业者与客户之间同样需要沟通。如果一个创业团队连最基本的沟通能力都不具备，那么又如何有能力去与合作方顺利达成共识，实现双方共赢呢？创业不是一个人单枪匹马就能完成的，创业需要创业者能够充分调用创业伙伴、投资对象等各种资源，这都建立在沟通能力之上。

（5）自我反省能力

创业是一个不断摸索的过程，创业者难免在此过程中不断地犯错误。反省，正是认识错误、改正错误的前提。对创业者来说，反省的过程就是学习的过程。有没有自我反省的能力，具不具备自我反省的精神，决定了创业者能不能认识到自己所犯的错误，能不能改正所犯的错误，是否能够不断地学到新东西。

5.2 创业要找最合适的人

5.2.1 谁才是合适的创业伙伴呢？

俗话说："众人拾柴火焰高。"三个志同道合的伙伴的力量，比一个人单打独斗要大得多。在创业初期，合作是起步最重要的推动力。对于一个刚刚走出校门的大学生来说，所拥有的社会资源可以说几乎为零。另外，所拥有的个人资源也仅限于在书本上学到的知识。无论是资金、实力还是风险承受能力，都是非常欠缺的，在这种情况下，"抱团打天下"是很多创业大学生首先想到的办法，与他人合作创业，可以充实自己的实力，丰富自己的头脑，在创业初期是个不错的选择，但是什么样的人才是合适的创业伙伴呢？

1. 合伙人能诚实守信

诚实守信是中华民族的传统美德，它是一切道德的基础，它更是一种准则和责任。诚实守信同样也是创业过程中对创业者的基本要求和准则。如果你的合伙人连最基本的要求和准则都做不到，那么，很有可能你们的创业之路将会与成功背道而驰。刚刚毕业的大学生因为选择了不靠谱的合伙人而被骗导致创业失败的案例比比皆是。一个人的品德是否端正，在日常的工作生活中都会慢慢凸显，但是假如你在创业路的一半时发现，是否为时已晚呢？此时补救可能又会大费周章，甚至连挽救的余地都没有就落在了创业大军的末尾了。

2. 合伙人能与你同甘共苦

核心的创业伙伴必须是相互了解、相互信任，尤其在困难时刻能置个人利益于脑后，能和你同甘苦共命运的人。在创业过程中一定要擦亮眼睛，创业的初期会遇到各种各样的阻碍，有的人能吃苦，这样的人方为人上人，而有的人遇到困难立刻放弃，这样的人绝不能做合伙人。

3. 合伙人能与你志同道合

俗话说："道不同，不相为谋。"合作创业的关键之处在于你与创业伙伴之间拥有相同的价值观，只有拥有共同的目标和志向，才能够一起出谋划策，为创业打拼。唐僧师徒四人去西天取经，路途遥远，困难重重，为何能够取得真经，其中最重要的原因之一便是师徒四人有共同的目标和志向。志同道合是成功创业的基础，因此，创业合伙人一定要是与自己价值观相同之人。

4. 合伙人能与你优势互补

在创业过程中，不能缺乏资源和能力互补的人。每个人都有自己擅长的领域，但如果寻找的合伙人与自己的能力和擅长的领域重叠，那么可能会导致，能干的事情大家抢着干，不能干的事情没有人能干。"中华饲料王"新希望集团是由四个同胞兄弟合作建立的。四兄弟各自审视了自己的长处和短处，老三刘永美毕业于四川农学院，对化肥农药颇有研究，于是他负责钻研技术；老大精于计算，负责公司财会；老二原在教育局供职，于是搞起了公司的管理和企划；老四善于交际，就当起了公司法人代表，加强公司与外界的业务联系并打响知名度。通过这种资源互补的分工合作，新希望集团从"育新良种场"起家，从育雏鸡到养鹅，从搞养殖到开发饲料生产，一步步发展壮大，最终发展成了中国最大的公司之一。

下面五类人不能成为合伙人：

（1）不与私欲太重的人合作，因为他们看不见别人的付出，只在意自己的结果。

（2）不与没有使命感的人合作，因为他们只以赚钱为目的。

（3）不与没有人情味的人合作，因为在一起会不快乐。

（4）不与负面消极的人合作，因为他们会吸干你的正能量。

（5）不与没有人生原则的人合作，因为他们不相信梦想，抵挡不住眼前的压力和诱惑。

5.2.2 合伙的十大原则

（1）诚信原则：合伙赚钱诚意当先，以诚相待，不要去管你的伙伴怎么对你，自己先做自己。

（2）目标原则：求大同，存小异。小事随它去，大事不糊涂，看准共同的目标价值，把握大局观。

（3）信任原则：合伙人最忌讳相互猜疑，要相信，不管任何时候，只有你的伙伴能把利益的天平放在你这边。

（4）宽容原则：彼此之间的宽容理解才能使合伙之路走得更长。

（5）吃亏原则：自己多吃点小亏，让对方多占便宜，要知道没有绝对的公平合理。

（6）交往原则：己所不欲，勿施于人，把合伙人一直当真心朋友相处，不要把金钱当作合作关系的纽带。

（7）公平原则：亲兄弟明算账，不要你好我好大家好，最后都是一些无原则纠纷。

（8）谦虚原则：多看别人优点，少看别人缺点；相互学习，共同提高。

（9）沟通原则：不打肚皮官司，有什么想法不要让其过夜，多沟通。

（10）坚持原则：敢于坚持原则，用生命去捍卫共同制订的规则，并为你的合作伙伴鞠躬尽瘁。

（本段文章来源于搜狐网，略有改动，原文链接：http://mt.sohu.com/20150610/n414784914.shtml）

雷军曾在一次公开演讲中表示：创建小米最困难的是寻找合伙人。不管是选择合伙人，还是股权分配，这是每一个创业公司都绕不过去的难题。解决好了就可以造就一支具有超强战斗力的团队，解决不好往往就一地鸡毛，创业项目也会夭折或发展受阻。因此，下节我们将共同学习创业股权分配的知识。

5.3 创业股权分配

案例

真功夫，亲手给自己埋下股权危机

真功夫，国内知名快餐品牌，不过近几年来，其股权之争知名度恐怕早已超出了快餐品牌的知名度。真功夫自成立以来，随着事业越做越大，创始人之一潘宇海解决了中式快餐没办法标准化的难题，真功夫日渐扩张。然而企业发展至今，负责门店扩张的蔡达标发挥了更大的作用（蔡达标系潘宇海前姐夫），于是很多矛盾就此萌生。在纠纷的过程中，蔡达标甚至将潘宇海赶出真功夫核心管理层，而心有不甘的潘宇海则通过翻旧账的方式，控诉蔡达标恶意侵占，亲手把昔日的姐夫蔡达标送进监狱，蔡达标最终被判刑14年。

这一切的始作俑者，不是别的，而是世界上最差的股权结构——即真功夫两位核心创始人各占50%的股份，两位合伙人之间无法有轻重和制约。可以断言，这样的股权比例不出问题是偶然，出问题才是必然！虽然，这一事件对于真功夫的整体运营看似并未产生多大影响，但实则影响了真功夫的资本运作计划。而这一切只是一开始的股权分配没有安排好埋下的隐患，显然太不应该。

合伙创业，其实就如同一起玩一场游戏，游戏正式开始前，必须设定好游戏规则，这里的游戏规则即最初就要确定股份和未来扩股原则，每一位合伙人觉得自己的有形资产和无形资产值多少钱，都须在此时开诚布公地说出来。规则一经确立，每一个玩家都必须遵守。

（本文章摘自《不懂合伙，必定散伙》）

真功夫的股权纠纷案告诉我们：无论你的合伙人品格多么高尚，与你多么亲近，但凡你们的创业之路启程，那么务必要签订具有法律效应的《合伙协议》。创业股份和权益的分配是创业团队必须面对和正视的问题。初期阶段如果没有处理股权分配问题，很可能为今后的创业埋下隐患。

5.3.1 股权分配的重要性

股权分配机制是对未来创业项目产生的价值进行分配，同时也约定对公司的控制权。

（1）明确合伙人的权利、责任和利益。合理的股权分配制度可以明晰和体现合伙人对创业项目的权利、贡献和利益，从而可以有效地调动合伙人和各股东的积极性。

（2）有利于创业团队的稳定性。刚刚踏出校门的大学生在创业过程中，缺乏社会经验，往往觉得创业只要盈利就行，于是忽略了股权分配的重要性，最终产生的结果将直接影响创业项目的后期发展。要保持创业团队的稳定性，合理的分配利益和股份是关键的环节。

（3）股权的合理分配有利于促进创业合作伙伴之间的团结和凝聚。

5.3.2 如何进行股权分配

1. 量化贡献，明晰合伙人的责、权、利

在合伙人一起创业的过程中，各合伙人往往都扮演着不同的角色，以及为创业项目做出不同的贡献，但每种贡献很难进行对比。创业并非一朝一夕的事情，在创业过程中，每个合伙人都应当不断为创业公司提供资源与能力，为创业公司的成长保驾护航，因此权利和利益的分配也需要导向能够长期为创业公司贡献的合伙人，可以适当采取按年度、项目进度等方法逐步分配合伙人股权，从而保障创业项目的稳定发展。

2. 事为大

股权分配通俗地讲便是将创业比作打天下，然后股权分配是各个合伙人分天下。但是，前提条件必须是天下已经被打下，分天下才有意义。因此，创业企业的股权分配应该有利于团结大多数人，全员齐心协力将创业项目做大、做牢、做好。否则，创始股东手里抓着100%的股票也只是一张废纸，甚至是100%的负债。

3. 为公司的股权激励留出空间

作为创业企业，要始终留出一部分股权池来吸引区域人才、行业人才的加盟，这种长效的、形成机制的激励也能保证新老团队的磨合不出现问题。如若不然，最早进入公司的一批人把自己看成元老，担心新人替代自己的地位，而新人认为自己的能力更强，看着元老理所应当享受股份，双方将产生强烈排斥情绪，势必影响创业公司的健康长远发展。我们既可以将创业比喻成马拉松，不是一朝一夕急于求成就能创办起来的，同时也可以将创业看作接力赛，无论是马拉松或者接力赛，都需要新鲜的血液产生一波又一波的动力，需要各领域、各行业的人才为创业项目注入新鲜的活力从而不断创造新的价值。

4. 要有明确的股权兑现

股权按照创始人在公司工作的时间，逐步兑现给创始人。例如，某创始股东持有创业企业30%股权，但干满一年就离职了。如果允许这个已离职但不继续对创业企业做贡献的创始股东继续保留这30%股权，而其他留下来继续创业的团队成员为他打工，这既不合理，也不公正。

第6章

创业计划书的编写

学习目标

- 掌握创业计划书的编写。

6.1　为什么要写创业计划书

> 案例

雅虎在创业计划书竞赛中获得风险基金

家喻户晓的雅虎公司，就是在创业计划书竞赛中脱颖而出，从而获得了 400 万美金的风险投资而起步的。

雅虎创办人杨致远，在 1994 年与斯坦福大学一名研究生大卫·费罗合创雅虎。他们发现公司要想上市，必须获得一定的投资。第一个对雅虎感兴趣的公司是路透社，路透社与雅虎是朋友，但不是伙伴，合作过程中雅虎并未得到多少实惠。聪明的杨致远认识到，必须自己制订一个周密的商业计划，以我为主，通过广告赢利。杨志远找到自己的老同学布拉狄，他们参考 HotWired 公司发布广告赢利的经验，迅速起草了一份商业计划书。带着这份计划书，他们到处寻找风险投资者。他明白硅谷是一个风险投资的乐园，在那里平均每天就有一个公司上市，当时微软、美国在线等想收购雅虎，都遭到拒绝。结果他找到风险投资基金的支持，而公司也得以成功上市。

1996 年雅虎在纽约股票市场上市，每股股价由 13 美元飙升到 33 美元，杨致远的个人身家高达 1.32 亿美元。杨致远说："人人都说美国机会多，没想到机会就降临得这么偶然。"周密的创业计划书使他获得风险投资从而帮助他抓住这个机会。

（摘自《雅虎的创业分析》）

创业计划书是创业的指南针，杨致远在作了市场分析的基础上，发现正是创业的最佳时机。于是他与路透社合作，从合作中他认识到，要想公司盈利，必须要制订一份周密的计划来吸引风险投资者的目光，获得公司的运转资金。正是这份周密的计划书使他获得风险投资，公司才得以上市。

6.1.1 创业计划书的概念

创业计划书又称企业计划书或者商业计划书，是创业者描绘创业机会、创业条件、创业过程和创业前景的书面文件。一份完整的创业计划书主要包括企业概况、企业目标与战略、运营计划、营销策略及财务预测等内容。创业计划书是描述企业未来3~5年的发展的方针。创业计划不是一成不变的，随着事业的发展创业计划应根据需求作一定的调整。

没有攻略的旅行是盲目的，创业计划书便是你事业的攻略。如果你想去外地自驾旅行，在出发之前应该思考的是目的地、当地地形气候、驾驶车型、携带物品（帐篷、水、容易保存的食物、替换的衣服和合适的鞋子、野外生存器具、维修器材等）一系列问题。这些出发前的思考便是你旅行的攻略，只有做好了充分的准备才不会在旅行中表现得那么盲目，没有创业计划书就开始创业显然是不明智的。

6.1.2 创业计划书的作用

"凡事预则立，不预则废"，每一个成功的人生都需要规划，而创业也必须要有一个长远的计划，只有提前制订好计划，才能更有效地向着成功努力。创业计划是创业者对于创业的战略思考，是展示自身才华的一种表达，是创业者获得投资的必备条件，发挥着很重要的作用。

1. 检验创业的实施

创业具有一定的风险，难免会遇到各种问题，创业计划书是一个完整的体系，如果在写创业计划书的时候便遇到各种问题无法继续，显然这个创业项目是不可行的。创业者可以根据自己的目标及时调整自己创业计划书中的内容，理清创业思路，酝酿自己的项目，真正意义上为创业节省大量的时间和金钱。

2. 提供创业的指导

大学生普遍社会经验相对不足，对创业充满了热情却内心相对脆弱。创业计划书对于他们来说是一个行动指南，能够使创业者清楚地知道自己如何去实施自己的计划。

3. 规范创业的管理

创业计划书提供了企业的现状以及未来3~5年的规划，为企业提供了良好的管理体制，使创业者在实践中有章可循。一份可行的创业计划书可以使创业者清楚企业的运营，明确企业员工的职责，增强创业者的信心，让企业的管理规范可行。

4. 吸引创业的资源

创业计划书是一个全方位合作的项目。创业不是一个独立的工作，是需要合作的。一份好的创业计划书可以吸引投资者的注意，将自己的创业点子成功地推销给投资者，吸引他们进行投资，获取更多的创业资源来保持企业运营和扩张。投资者在做任何投资前都需要一份全方位的创业计划书来进行调查研究，如果实际的调查与创业者所写的一致，合作才会进一步发展。

国内首届"挑战杯"大学生创业计划书竞赛是于1999年2月10日在清华大学举办的。这次大赛共收到了全国120所高校的400件作品，其中"美视乐"团队由于出色的创业计划书获得了上海第一百货股份有限公司的5250万元风险投资，成为中国大学生创业获得风险投资的第一例。

6.2 如何写好一份创业计划书

大家都知道自驾游之前你准备好所需要的东西是非常有必要的,然而出发去哪里,怎样走却是一个问题,因此对路线的规划就显得相当重要了。创业计划书则是你对项目的一个整体规划。它的目的除了指导公司的发展,还有一个重要的作用是融资。创业计划书是企业的名片,它的好坏直接决定融资的成败。

6.2.1 创业计划书前期思考

> 案例

解密PPTV创始人姚欣的创业密码

2004年底,姚欣在宿舍创立了第一家公司。他说自己从男人看球、女人追电视剧的需求中获得了创业的灵感,从生活中的不够便利找到了创业的机遇。

作为PPTV创始人兼总裁,姚欣希望让PPTV成为"每个人的网络电视"。这个80后创业者在2014浦江创新论坛之创业者论坛上分享了他的创业秘密。

1. 找到成长的市场

在姚欣看来,创业最先要做的就是找到合适的市场。这个市场在哪里?"开放的市场一定是有众多企业和巨头盯着,但过于细分的市场又不足以支撑企业的高速成长。"姚欣认为,其实创业时市场大小都无所谓,"最关键的指标是成长速度。"

比如这一市场今年只有100个用户,但如果每周都可以增加10%,那么2年后就有近200万个用户,3年后变成一个大公司也很容易。但是,这样的市场如何去发现？姚欣的体会是，先关注好自己身边的生活，生活中的一个痛点就是你最有感触的地方，而这一个痛点很可能就是一个成长中的市场。

2. 创新需要专注和好奇心

姚欣表示，对于企业来说，最大的挑战是何时该创新，何时该关注。而企业在初创时期最好专注于一个细分领域。他举例说，PPTV 在初创阶段无法关注太多东西，因而集中关注了技术本身。到了今天回头看，是早期对于技术的专注才得以支撑企业走到现在。

"对一件事专注做了 10 年这很重要。"姚欣说，这 10 年来 PPTV 专注把网络直播做好，虽然错过了很多机会也不觉遗憾。

当然，专注的过程中需要大量的创新思维。"我觉得需要有一种心态，就是好奇心。"姚欣认为，除了专注外，要永远愿意探索和寻求，只有保持好奇心，创新才能持续有动力。

3. 要敬业地创业

对于创业者而言，这是一个最好的时代，也是一个最坏的时代。姚欣说，如今的创业看起来有很多机会，但也很难有选择的机会，因为在每一个领域可能都已有了较大的企业占据了市场。但他认为，创业的机会依然存在，"原因就在于你可以在局部的市场比这些大企业更有优势，虽然不可能做一个完整的模型，但可以在单点上做到极致"。

"现在有一个非常流行的说法就是敬业地创业，这给了今天的创业者一个很重要的机会。"姚欣称，创业者没有像大公司那么多的宣传费用，但可以借助口碑和现成的技术以及更好的模式来寻找空间。更重要的还有，创业者要勇于不断试错并迅速修正。

姚欣认为，创业者所拥有的资金就是创业的跑道，经济宽裕可以让跑道无限延长，容忍试错。但是随着经济和资本的挑战，融资总归会出现上限，那么创业者就应以最快速的方式剔除不靠谱的渠道，然后迅速修正自己的方法，最终找到一个属于自己的创业之路。

（略有改动，原文链接：http://it.sohu.com/20141028/n405525531.shtml）

PPTV 的创始人姚欣的创业故事告诉我们，在创业之前要对市场进行分析，对企业的发展方向以及市场资金等方面均进行充分的思考，当出现困难时，创业者应该快速地修正自己的方案，创业前一个完整的思考是非常有必要的。

在撰写创业计划书前应该思考以下几个方面（图6.1）。

1. 竞争优势分析

在撰写创业计划书之前首先要思考你的创业项目目前是否为一个新的项目？如果不是一个新的项目，相较于已经存在的产品有哪些优势？只有全面掌握了竞争者的优势和劣势，你才能在竞争中取得胜利。

2. 创业团队能力分析

姚欣说："创业之前多思量，创业之后多坚持。"他认为最重要的是如何组建初始创业团队，"创业团队不一定是最优秀的，而是最适合的，而且必须是复合型团队。"团队成员不宜都是一个专业的，也不能都是擅长做一件事情的，尽量不要都是学生，而必须有对各行各业都有经验的人。任何一个项目都不是一个人可以独立完成的，需要团队的合作。创业之前首先应该对所有创业者有一个全面的了解，并根据每个人的能力进行合理的分工。

3. 资金来源、支配分析

创业前的融资和资金的合理支配是公司运营的重要保障，对资金的合理分配关系到企业运营的状况。资金链一旦断掉，企业将无法继续创办，因此，在创业之前必须对资金的来源和支配进行一定的计划。

4. 市场风险评估

创业都具有一定的风险性,在创业之前首先要对该产品进入的市场进行一定的评估,了解消费者的需求,更好地掌握所进入市场的情况,降低创业的风险。

5. 技术支持

创业之前应该具备相应的技术支持,作为过来人,姚欣既不主张大学生休学创业,也反对一毕业就创业。他说,创业要成功,技术、资金、人才、市场四要素缺一不可。

6. 计划调整

创业的过程不是一成不变的,是一个不断试错的过程,根据可行性分析创业者应及时作出调整,如果可行性分析直接否定了项目,为了避免一定的损失则需直接放弃,重新进行创业规划。

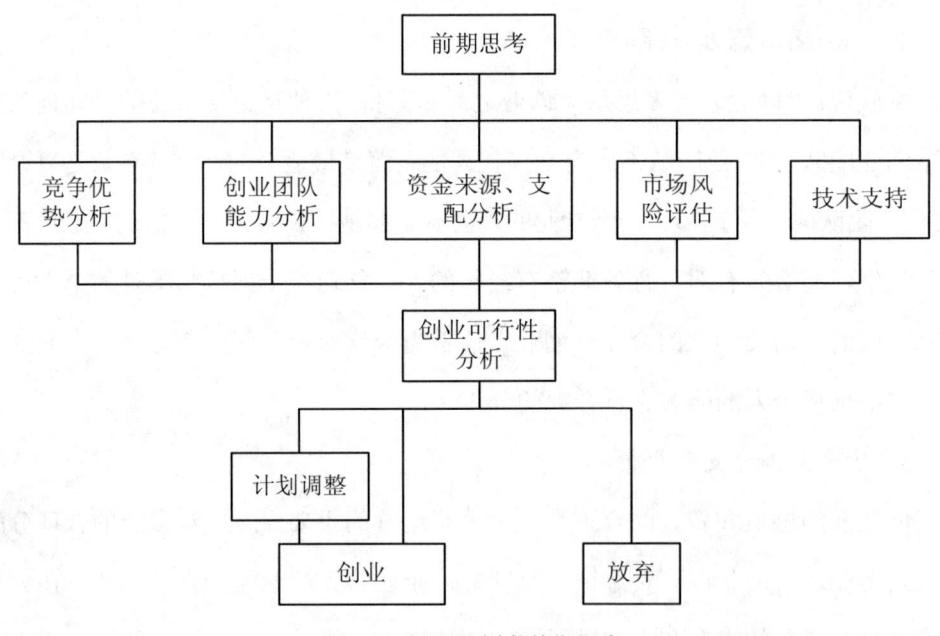

图 6.1 创业计划书前期思考

6.2.2 创业计划书基本要求

1. 简明扼要

创业计划书是投资者认识创业项目的一手资料,其中所涉及的部分应该清晰明了,需用简明扼要的语言直接说明你的项目,如果将过多的时间浪费在与主题无关的内容上,投资者对你所描述的项目就没有一个清晰的认识,同时给投资者一种不专业的感觉,影响你的创业项目融资。

2. 逻辑性强

创业计划书不是一个简单的计划,它是指导企业运行的管理工具。创业计划书中应该包括整个项目的所有规划,具有一定的逻辑性,层次分明。

3. 具有可行性

所撰写的创业计划书应该是可行的,如果在撰写中发现计划不可行,应及时调整创业计划,必要时应及时终止计划,进行重新审视,再进行撰写。

4. 必要时辅以模型或视频、动画或者图表

模型、视频、动画和图表可以直观地展示、对比突出项目主题,给投资者以直观的感受,留下深刻的印象。

6.2.3 创业计划书整体布局

(1)简述计划内容(概要)。

(2)简要评价要进入的市场(市场调研数据和结果)。

(3)描述进入市场需要的技术支撑、人员经验能力和需要的资金。

(4)描述将要提供的产品和服务会给顾客带来怎样的利益。

(5)描述如何进入市场(市场营销策略)。

(6)前景展望。

（7）财务预算指标。

（8）需要申请的资金数额以及将如何支配使用（选址、租金、工资、经营费用、固定资产、开办费等）。

6.2.4 创业计划书主要内容

1. 简要概述

必须简明地告诉投资者创业计划书的内容，用第一句话概括清楚你要做的事，在第二句话中，说明申请资金的数量和用途。

2. 市场情况

（1）从最有可能打动投资者的部分开始。

（2）大多数投资者认为在创业中取得成功的秘诀就是要找到并开拓一个足够大的市场。

（3）一般情况下，"市场"应该作为首先要写的部分。

（4）市场调研非常重要。对给出的数据要作注释，权威数据应该给出来源，以增加可信度。

3. 技术、经验和团队介绍（为自己的团队设计一个LOGO）

（1）投资者最重视的是人。

（2）介绍自己的详细资料，团队LOGO，成员的背景、经验、个性等详细资料。

（3）团队成员以前取得的成就和技术资质应该写上。

（4）金融和投资方面的水平也相当重要，最好有相关的经营经验或者打工经历。

4. 产品优势

一个好的商业想法未必是一个好的商业机会，事实上众多的创新中只有一小部分可以市场化。拥有一个好产品只是通向成功的一个步骤，但不一定是第一步或最重要的一步。

（1）产品优势部分必须说清楚的问题

1）说明白你的产品或想法。

2）为什么这个计划是可行的，谁会来买单？

3）为什么它比其他同类产品更好？

4）第三者的评价（视频、附录）。

（2）必须重视项目的可行性

1）"这是市场上最好的产品"或者"价格最低"等语言是没有任何说服力的。

2）用图表表示：为什么它是最好的？为什么尽管如此它的价格也不是很贵？用比较说明。

3）如果已经获得一些测试结果，要把结果展示出来。切记：有价值的数据比任何形容词都更有力量。

5. 经营方法

（1）如何把产品推向市场？在宣传和广告上会采取哪些措施？用什么方式销售？什么时间开始？最好列出一个时间表。

（2）你的团队成员如何分工？管理上有什么制度约束？如何考核他们的工作？最好列出管理框架。

（3）你最初的生产能力怎样？未来三年经营预期如何增长？

（4）介绍一下你的生产方式。

6. 前景展望

（1）你必须坚定地相信自己可以取得巨大的成功。

（2）需要写明项目未来3～5年的发展预期。

（3）你将如何战胜你的竞争者（现在的和潜在的）。

（4）潜在风险和应对预案。

（5）竞争和竞争形势分析。

7. 财务指标

（1）第一年期望的营业额是多少？

（2）第一年期望的净收益是多少？

（3）第一年将会偿还多少贷款？

（4）需要多久可以完全偿还贷款？

（5）计算你的总投资额、盈亏平衡点、保本销量、投资回收期，这些数据对投资商非常重要。

（6）资金使用情况。

（7）详细说明一下：你为什么需要他们的钱？

（8）说明你的团队成员分别需要多少投资？

（9）列出你将要如何使用这笔钱：是否需要购买技术或专利？购买多少设备和办公用品？计划租用多少面积？每月租金多少？计划聘请多少员工？每月工资费用多少？

（10）最初启动时需要多少宣传成本？

（11）现金流量预测表。

（12）流动和意外事故储备金。

8. 附录

（1）报纸、刊物上有关市场需求的文档或照片。

（2）宣传册或其他有用的文献复印件。

（3）产品测试结果，尤其是其他部门做的测试结果。

本项目历史：已经发生的经营报表、有关市场和商业计划的变更、营销手段变化和过去本领域发生的重要事件等。

6.2.5 现金流量预测

(1) 现金流量通常是各个月份的财务数据。

(2) 现金流量预测并不是对企业盈利能力的预测,而是在短时间内企业能否收入大于支出的一种设想。

(3) 预测表中的项目数据取决于所预测销售数据的可靠性。预测的数值会跟现实有一定的差距。

6.2.6 创业计划书的篇幅

一份计划书是否吸引人不在于篇幅长短,但是太短的计划书也不可能把你的盈利模式阐述清楚,建议 20～50 页为好。

6.2.7 写创业计划书的注意问题

(1) 项目名字应简单好记,一目了然。

(2) 创业团队最好优势互补、男女搭配。

(3) 注重项目的可操作性、运作的可行性。

(4) 市场调研描述要真实可信。

(5) 资金需求不是越大越好。

(6) 创业计划书不是越长越好。

(7) 自信和勇气比资金更重要。

6.3　附：创业计划书格式样例

一、摘要

（略）

二、公司简介

1．公司历史沿革。

2．公司宗旨。

3．组织及管理（公司位置、组织结构、人员构成和管理模式）。

4．公司历史业绩。

5．公司的外部公共关系。

三、管理团队

1．管理团队：主要管理人员，包括姓名、职位、性别、学历、以往业绩、毕业院校、所持有的公司股份或股权等重要资料。

2．管理体制和激励机制：公司组织结构、经营决策程序、运行管理机制、员工激励机制。

3．创业股权及权益分配：列表说明股东的名字、持股量、股票单价等资料。

四、产品和服务

1．公司目前所有产品的清单及适用领域，简单介绍主导产品。

2．项目的简要介绍，包括项目名称、产品方案、产品应用领域。

3. 产品前期开发研究进展情况和物质基础，包括产品开发处于何种阶段，产品的创新之处，产品在国内外的领先程度（提供相关证明材料），开发和研究的设备、条件，生产线建设程度。

4. 产品的市场优势，包括专利技术、产品上市的周期、产品自身的影响力等。

5. 该产品是否申请过国家有关基金资助？有无最后验收、鉴定的结论、评奖等。

6. 产品开发能力的保障，包括资金筹措、团队成员、设备场地等。

7. 资金筹措到位后，对上述资源的满足程度。

五、技术来源

1. 公司近年来主要研究的技术领域和相关的技术成果。

2. 产品开发、生产业务的流程图。

3. 介绍产品开发、生产所采用的技术，标明关键技术。

4. 描述现有的开发工艺路线、技术状况，公司与竞争对手的技术、工艺相比的创新之处和显著优点、领先程度与存在的差距（相关文献支持），导致的产品功效的差异。

5. 专利技术，包括专利技术的获奖情况、专利技术保护范围和相关证明文件；与国内外其他类似专业技术的关系，尤其是是否可能造成侵权行为。

6. 技术团队情况介绍，包括技术负责人、关键技术骨干的学历、专业、工作背景等情况。

六、市场分析

1. 整个行业的市场需求状况是什么？

2. 产品特定的细分市场，包括服务用户的类型等。

3．市场的定位及产品的价格。

4．销售渠道、销售战略和市场计划。

七、竞争分析

1．国内主要竞争对手的情况分析，包括对手的名称、地域分布，目前开发的同类产品功能所处的阶段，产品目前在市场上的销售情况，未来对本项目造成的威胁。

2．国外主要竞争对手的情况分析，与其相比公司的优势和劣势。

八、财务与成本分析

1．融资需求。

2．资金使用计划。

3．预计未来3年的产品销量、资产负债表、损益表，并提供预测依据。

九、战略分析

1．公司战略的拟定。

2．公司战略的具体实施步骤。

十、公司的核心竞争力

（略）

十一、风险分析

1．技术。

2．市场。

3．政策。

4．管理体制。

5．其他。

十二、附件

（略）

第 7 章

创业项目路演

学习目标

- 学会创业项目路演相关知识。
- 理解在企业项目路演的过程中投资人常问问题的含义。
- 学会制作企业项目路演 PPT 并学会路演相关技巧。

7.1 创业项目路演策略及投资人常问的问题

7.1.1 创业项目路演模式

如今全民创业成为热潮,但是并不是每个创业者最后都能成功。不管你花费了多少心血,做过多少路演,没有找到正确的攻略那么你永远都是失败。项目路演,是项目方就整体项目运作与投资人进行有效沟通的互动过程。目前从形式上一般分为线下和线上两种类型,目前主要表现为以下四种模式:

1. 精准度、私密度最高的一对一模式

从投递商业计划书,到被投资机构代表咖啡约谈,至投资人受邀参观企业深度沟通,再到投资机构邀约创始人至投资办公室拷问,以一对一、私密性、节奏强为代表,尤其是优质项目,更是快马加鞭、三步合一步快速促成项目的成交。

三五联投的基金或偏好一致的垂直细分行业的机构,将精挑细选的项目组织起来,类似于私董会一般,结合不同的基金投向侧重点,由合伙人、投资总监发问,问题往往非常尖锐,从业务进展、市场开拓方式、成本结构、资本结构到配偶是否支持创业,不一而同。当然,效果也是非常明显的,一般有机会上会的案子,质量都非常高,被投的概率非常大。这种圈子,非圈内浸淫多年的投资人和创业者不得而入。而这种形式也往往以桥牌俱乐部、高尔夫俱乐部、户外俱乐部、投资俱乐部的形式呈现,私密而高端。

2. 由政府部门、知名机构或平台线下组织的项目路演会或专场路演会

随着各地招商热情一路高涨和孵化器的密集涌现,当地政府或科技部门、当地机构也会定期组织一系列的项目路演,有的孵化器也冠之为毕业季、DemoDay

（真格基金投后服务系列活动之一）……相比这种情形下的项目路演，人们更喜欢有机构背景或由机构托管运营的孵化器承办的，因为大家都在同一个圈子里，硬伤太过明显的一般也不会拿出来，所以相当于提前过了一遍筛子。而在路演准备、路演形式方面大多也会做一些辅导，所以，创业者在演示项目的过程中比较专业，创投双方对频非常的容易、减少了很多沟通成本。

3. 带有大赛和推广性质的创业大赛或创业 TV 秀模式

因为组织的目的不同，所以参会的企业往往有三个目标：求名次，有奖金或奖励；求名声，免费的品牌传播；求资金，遇到对路的资金方。这种往往会历经海选和优选环节，所以登台的项目普遍质量较高，一档全媒体创投节目《跃龙门创客赢》就是层层过筛子、辅导和优化项目，到登台亮相时基本都有机构锁定了，创投双方都有极大的收获，所以马太效应显现，越来越多的优质项目和顶级的投资机构聚拢过来。这种平台对创业者而言，名利双收。

4. 结合技术和信息手段而升级的线上路演

随着视频技术和移动互联网的应用，这两年许多项目路演也搬到了线上，之前的 QQ 群、YY 群、电话会议、远程视频路演，现在的微信群路演，但谈到体验和互动还是目前的微信群路演更佳。商业计划书都会被提前发布和观看，在互动的时候根本不给创业者以组织、修饰的时间，投资人通过这种直接的类似于头脑风暴的干货对撞，判断是否跟进这个项目，毕竟商业计划糟糕的项目，群内是万籁俱寂的。只有触动投资人的项目才会让投资人纷纷拔刀，当然过程激烈了点，这个时候的创业者要学会判断对你感兴趣的投资人，以期转移到线下，继续沟通。这种线上路演还有一对一的 AMA 模式，比如领路、聚份子，有些还打通了线上线下环节，比如时间拍卖、中国投资人中心等，创业者都有机会借用这些知识和问答平台来约见投资人，畅聊项目和答疑解惑。

7.1.2 创业项目路演中的必备技能

以上的线上线下两种类型的路演形式都随着跨界和技术、共享等领域的发展而不断地进化更迭，呈现不同的模式，但这些变体最终还是服务于创投双方的高效对接，实现彼此的期望：投融资对接成功！在这些路演平台上，需要创业者准备好登山背包，做好作业，迎接投资人热切和挑剔的目光。在此结合自身的投资偏好和投资同仁交流、分享在路演项目中添彩加分的必备技能。

1. 选择合适的路演平台

为了推广产品是做品牌推广，还是参加创业大赛，或者是参加科技评审，还是针对投资人路演，不要不做区分和筛选地去盲目参加，要结合项目发展的不同阶段来有针对性地选择。在2014~2015年，有个商业创意，三两合伙人，有产品DEMO，就可以开始大肆参会，约聊投资人，那时会有激进的天使投资人或早期机构跟进；但走到2015年下半年，没有成型的产品或打样，缺乏基本的业务数据，没有清晰的盈利模式，这样的项目已经完全被机构拒之门外。同时，如果在一些平台上见到了对项目感兴趣的投资机构或投资人，切记不要再在其他的类似平台上多出现和碰面，不同于投资机构的赶会模式（投资机构的项目源渠道之一），创业者如果频繁参加项目路演，会被打上跑会不专注主业的标签。投资人圈子很小，一个投资人朋友圈的小吐槽，创业者就很难在圈内打开局面了。

2. 准备好路演BP（商业计划书）

准备资料一般包括PPT、PDF版的商业计划书和打印的纸版商业计划书（内附名片），这时团队（过往经历、合作分工、股权结构、期权池）、商业模式、业务进展、成本结构、融资规划、资金使用计划以及接下来的业务进展、未来3年经营预测、上市计划或退出计划等就要相对细化，坚决摒弃简版、大字、需要人充分展开联想的方式。如果这时能有一段客户应用场景的视频来展示整个商业模式就更棒了,能给苦涩、紧张、压抑的现场带来一些舒缓。

(1)写作内容:产品介绍通常应包括产品的名称、性能及特征、所处的生命周期、市场前景预测、品牌和专利、市场竞争力、研究和开发过程、成本分析和发展新产品的计划等。

(2)写作技巧:要突出产品的创新性、独特性和价格优势。要着重展示产品的盈利能力、目标市场、同类产品的比较等内容。内容要实事求是,不可做出不切实际的承诺。要以通俗、简单、准确的语言描述产品与服务,避免过多的关于技术细节方面的论证,尽量减小复杂的技术术语的出现频率。如果现场展示成型的样本或样品,则对讲解辅助产品和促进投资商对产品的理解都是大有裨益的。

3. 做足功课,内部演练

请懂行的 FA(专业指导老师)、投资人给指导一下,要突出框架和重点;在公司内部多多演练一下,毕竟在踏入资本市场后,路演就成了创业者的基本功。对于项目路演多与举办方加深沟通,了解参会投资人的背景和投向,识别真假投资人,掌握答疑技巧。投资人听完演示,往往不会立即决定是否进行投资,而要亲自提出一些不同意见来确认一下他们所关心的问题,以消除疑虑。因此,正确解答疑问和处理异议就成为融资的关键。除了熟悉和准备好相关材料之外,答疑时还需要注意以下几点:

(1)持有积极态度

1)投资人提出疑问或异议是正常现象,此时不必强词夺理,也不应该有消极情绪,而应自始至终都以积极的态度对待。

2)热情自信。优秀的创业者应对自己和自己所推荐的商业计划书充满信心。记住,你是投资人的利益提供者,你是在为投资人提供一个投资机会。

3)保持礼貌,面带笑容。

4）表情平静，态度认真、专注。

（2）答疑前先弄清楚投资人反对或怀疑的原因

1）投资人提出的一个疑问或异议的背后可能有多种原因。如果你在了解其原因之前就予以回答，很可能答非所问，既没有给投资人以准确解达，也容易失去投资人的信任。

2）听清投资人的疑问或异议，必要时确认一下自己的理解是否正确，根据投资人提出疑问或异议的原因予以回答。

3）对于因误解或怀疑造成的疑问或异议，可予以解释、澄清，并提出请教。

4）核查投资人的反应。你在解答投资人的疑问和处理异议时，应随时观察投资人的态度是否有所改变。

（3）多进行自我问答训练

为了提高交谈的能力，要多进行自我问答训练。可以尝试用不同方式去表达同一个意思，这个训练方法可以让你轻松练就三寸不烂之舌。

4."一把手"工程

项目主讲人最好是企业创始人或联合创始人，如果参加创业大赛则可安排形象代言人，但现在大赛的评审创投机构比例增大，还是建议创始人参加，毕竟投资就是投人，投的是以创始人为核心的运营团队。这也为新时期的素质教育赋予了全新的内涵。

能否熟练应用信息技术，做到熟练操作，在一定程度上反映出一名大学生的基本素质，成为社会生活中人们对大学生水平进行评价的基本标准。而当今的大学生也早已意识到"互联网＋"在未来就业的优势，并积极试水"互联网＋"。鉴于这样的原因，当代大学生需要围绕会用、想用、常用、效用等方面，努力加强自己的信息技术操作应用训练，不断提高操作能力，以适应社会发展对人才的需求。

5. 异议处理

嫌货才是买货人，顾客之所以"嫌弃"你的货物，不正是说明他对你的产品产生了兴趣吗？顾客有了兴趣，才会认真地加以思考，思考必然会提出更多的意见。这是事物发展的必然规律！如果一个顾客对你的产品没有任何的异议，不用猜了，这个顾客绝对没有一点购买的欲望。"嫌货才是买货人"是一句台湾地区俚语，意思是说，嫌货品不好的人才是真正的内行，才是愿意购买你产品的人。遇到挑三拣四的顾客，销售人员不能轻易地否定顾客的购买欲望，恰恰相反，我们要对自己的货物有信心，跟顾客诚恳地讲解产品的优势，不怕人嫌，不怕比较，嫌货才是买货人！不要把问题当成挑战，投资人发问或质疑说明投资人对这一部分不是很了解，正是符合好项目的标准之一（在这一部分创业者是导师，投资人能学到很多）；尤其是在资深专业导师担任大赛评审的过程中，许多参赛者把投资人的评审意见当成是质疑和否定，下场之后就走掉了，更是不可取。应该利用信息不对称和误解，拉近与投资人的距离，促进双方的深度了解和合作。

一份有图有表、重点突出的商业计划是基本条件，一个声情并茂、互动有力的主讲人（最好是创始人）更是必要条件，如果把枯燥的数字生意经讲成段子那就更棒了。在投资人看项目时，行业容量、竞争态势、业务数据、成本结构这些如果是描绘性语言就显得苍白无力，而如果是图表数据则会使投资人快速换算出这个项目如果顺风顺水将来会达到的量级并有兴趣进一步跟进。而一个能把枯燥的生意经讲成段子的创始人，往往也会在推广产品的过程中容易引起消费者的共鸣，毕竟把公司股权卖给投资人的难度要比把公司产品卖给消费者要高很多。

7.1.3 创业项目路演中投资人常问的问题

(1) 你（的项目）解决了哪些需求？

(2) 你为谁解决了需求？

(3) 你的这个项目，到底在做什么？

(4) 你想做这么多东西怎么实现？

(5) 项目打算如何变现和盈利？

(6) 为什么这轮融资的金额这么高？

(7) 你的团队成员这么强，他们是怎么加入你的公司的？

7.1.4 如何丰富创业项目路演 PPT

1. 创业路演 PPT 包括哪些内容？

你的 PPT 是给谁看的（受众对象）？如果是给投资人看，着重点肯定在市场分析这块。如果是给目标用户看，着重点就应该在产品质量这块。

创业路演 PPT 怎么做？创业路演 PPT 怎么写才能吸引投资人的注意？

(1) 要做好融资型路演 PPT 首先要了解投资人思维：不投缺乏成长性的项目，则让投资人看到资本回报率和项目成长空间；不投没有优秀团队的项目，优秀团队的标准为决策高效+动力十足，且共同的价值观是关键。他们最喜欢投能够改变行业游戏规则的项目。

(2) 明确整个路演的目标：吸引注意、激发兴趣，获得进一步面谈的机会。因此你的整个核心是：简洁、明了地告诉投资人你比别人更赚钱。

(3) 创业路演 PPT 的制作。做 PPT 之前先想清楚这几个问题：为什么需要你的存在？为什么是你而不是别人（核心竞争力和竞争壁垒）？为什么细分市场里有你的一杯羹（市场容量）？再问问如果自己是用户，是否接受自己的产品。

把这些问题想清楚，才能说服投资人。

2. 明确整个路演的目标

路演是指通过现场演示的方法，引起目标人群的关注，让他们产生兴趣，最终达成销售。路演有两种功能，一是宣传，让更多的人知道你；二是可以现场销售，增加目标人群的试用机会。

3. 路演PPT的构架

第一部分：产品介绍

（1）封面：一句话描述你的公司做的是什么；要有公司名称、公司LOGO、网址、地址、你的名字、职务、联系电话、联系邮箱。目的是让投资人大概知道你做的是什么事、你的身份以及如何联系你。

（2）问题：明确产品为谁（目标用户）解决了什么问题（痛点）；生动描述一个问题出现的场景（图形或图片展示）；介绍用户目前是怎么解决的。目的是让投资人点头认可这个市场需求点。

（3）解决方案：演示你的产品是怎么解决这个痛点的。目的是让投资人搞清楚你的方案如何解决问题。

（4）技术：产品核心竞争力；技术或市场壁垒。

（5）运营情况：运营数据、市场的初步验证。目的是让投资人根据数据进行决策。

第二部分：市场分析

（1）市场：市场规模（提供数据依据）。目的是让投资人看到市场前景，投资价值。

（2）竞争对手分析：分析间接或潜在竞争对手的优劣势。目的是让投资人看到你在和谁竞争，为什么你的解决方案好，为什么你能赢。

（3）商业模式：近期和远期的盈利模式分别是什么？核心的业务流程是什

么？拥有什么核心资源？目的是让投资人理解你是怎么把产品/服务卖出去并比别人卖得好的。

（4）团队：核心管理团队的介绍（相关行业工作经验、成功经历、管理经验、教育背景），关键是创始人的背景及团队的互补性，因为一个好项目能不能成功，团队执行力非常重要，这也是投资人很看重的硬实力。

第三部分：融资需求

（1）融资计划：本轮融资额度及拟出让股权比例、资金用途、后续融资预期目标、退出方式。目的是让投资人清楚实现计划需要多少钱和为什么需要这么多钱。

（2）产品发展阶段计划：公司在未来3～5年的整体项目规划、阶段性目标。目的是让投资人看到你清晰的思路及对整个项目的把控。

7.2　创新的小而美

第一届"互联网+"大学生创新创业大赛报名项目有 36508 个，参赛院校达 1878 所。第二届参赛报名项目有 118804 个，参加院校达 2110 所，占全国高校的 87%。此大赛是目前中国高校参赛人数最多的创新创业大赛，在参赛数量提升的基础之上，势必会对参赛项目质量提出更高要求。"互联网+"大学生创新创业大赛在全国高校形成了广泛的影响力，各省教育厅高度重视，各高等院校优化创业创新环境，营造创业创新文化氛围，掀起了"双创"热潮。

而公司存在的根本目的就是为用户创造价值，无论环境是否变化，创业机会源于用户需求都是永恒的真理。因此，创业机会必定来源于用户正想要解决的问题、用户生活中感到非常头疼的问题、用户新增的需求……每一个发明创造，每一次技术革命，通常都会带来具有变革性、超额价值的新产品和新服务，能更好地满足用户的需求，伴随而来的则是无处不在的创业机会。一方面，创新变革者本身凭借长期积累的技术优势、创新实力，自然会产生来之不易的创业机会；另一方面，即使你不是变革者，只要善于发现机会，同样可以抓住对你来说"得来容易"的创业机会，成为受益者。例如，互联网技术革命时代你无须进军互联网技术变革领域成为时代的弄潮者，而是完全可以通过掌握基本的互联网知识与技能，利用互联网平台，开设一个网店成为互联网大潮中的一名普通创业者。

第8章

让创新思维成为创业工作的一部分

学习目标

- 了解创新思维在创业工作中发挥的作用。
- 熟悉新媒体背景下创业市场环境、发展趋势、营销策略。
- 能充分利用大数据工具分析创业项目。

8.1 组织创新——扁平化的创客组织模式

首先,介绍下我们常见的传统管理方式,这种管理方式建立在分工与目标基础上的组织形态,它最为重要的特征就是管理。说得再直白一点就是控制,利用人性中的弱点,或者人生存时必要的条件,对组织内的人进行控制。传统工业组织更多的是高层发生决策,中层负责控制,基层负责执行,是一种中央控制模型,主要的组织结构有职能式组织结构、事业部式组织结构及矩阵式组织结构等,所以传统组织的反应速度很慢。这种慢不完全是信息传播速度慢造成的,而是因为决策速度慢,它需要底层反馈,中层传导,高层进行决策,然后再原路返回,由底层执行。先不说传导过程中信息发生变异,单是决策速度就已经慢很多拍了。而互联网恰恰是一种无中心化组织,一种网状的模型,没有决策中心,而是顺着态势发展而顺应作出决定;阿里集团的战略官曾鸣在公司内部讲得最多的一句话是协同,不是协调。协同是一群人用网络化的方法,自组织地朝一个目标共同努力,而不是由上而下执行行政指令的方法。以小米公司举例,扁平化是基于其相信优秀的人才本身就有很强的驱动力和自我管理能力;设定管理的方式是对他们的不信任,小米公司的员工都有想做最好产品的冲动,公司有这样的产品信仰,管理就变得简单了。小米公司的组织架构没有层级,基本上是三级,七个核心创始人—部门领导—员工,除了七个创始人有职位,其他人都没有职位,都是工程师,在这里不需要你考虑太多杂事和产生太多杂念,一心用在做事情上就好。从办公布局就能看出来,一层产品,一层营销,一层硬件,一层电商,每层由一名始始人坐镇,能一竿子插到底执行。大家互不干涉,都希望能够在各自分管的领域努力,一起把这件事情做好。这样的管理制度减少了层级之间互相汇报浪费的时间,2012年著名的"8·15"电商大战(由京东CEO刘强东于2012年8月14

日两条微博点然电商争霸导火索,其后包括苏宁、国美等多家电商高层在微博中回应了刘强东,一时间电商行业硝烟弥漫,新一轮电商大战拉开序幕。随着当当、易迅等企业的"乱入",演变为整个国内电商行业的混战)从策划、设计、开发到供应链仅用了不到 24 个小时准备,上线后微博转发量近 10 万次,销售电器近 20 万台。扁平化管理的核心作用就是减少层级,提升反应速度及效率,最终目的是提升用户的体验。

8.2　市场创新——借助新媒体,用免费策略打开 O2O 市场

随着互联网的快速发展以及新媒体传播速度的大幅度提升,通过新媒体平台,人们能够随时与企业进行交流互动,获取自己想要的信息。在此过程中,市场营销的主导者正逐步转向受众,面对这样的角色转变,企业务必要从受众(消费者)出发,依托线上与线下营销相结合(O2O)的模式进行转变,建立起一种符合现代人需求的沟通平台,从而改善既往管理模式,实现市场营销模式的创新发展,以最大程度地满足受众需求为原则,建立起新的营销模式,进行营销策略的改革。

8.2.1　新媒体背景下的市场环境

在新媒体时代的大环境下,广大受众获取信息的途径日益增多,信息的传播交流也呈现多元化趋势。便捷的互动方式增进了各领域间的交流沟通,也增强了市场营销体系在实际经济生活中的可操作性,有助于市场核心框架的搭建。新媒体市场环境的出现,意味着受众能够通过更多新型的媒体互动方式来进行信息的搜集和获取,同时丰富了受众传播自身需要的途径,由此受众对于商品的诉求便可清晰地展现,方便企业获取及时、准确、丰富的受众需求。

由于新媒体时代的出现,传统的传播模式已经被逐渐打破,一直以来处在被

动接收信息状态下的受众逐渐获得了主动接受信息的能力，在信息传播中逐步占据主导位置。新媒体时代下的受众不仅能够主动获取信息，更能够参与到企业的营销传播中，主动向企业传送自身信息，以便企业更好地掌握受众的需求，形成更加高效的市场运营机制。受众逐渐转变为传播主体，并掌握了自主选择权和对信息的搜索能力。市场传播不再是以企业自身利益作为出发点进行营销，而是以受众作为中心进行营销。受众拥有自主选择的权利，接收对自己有用的信息，屏蔽没有用的信息。因此企业不能再像以往那样进行强制传播，企业必须要找到新的传播方式进行信息传递，避免了由于企业一味追求利益而忽视受众需求的现象，有利于市场的良性发展。

新媒体时代的出现，是建立于互联网通信技术配合以计算机、手机等终端设备之上，打破了传统信息传播的局限性，方便满足受众的需求。主动的新媒体平台信息搜索，对企业来说，能够准确、及时地了解消费者的需求，同时能够将产品的信息传递给有需求的受众。新媒体时代市场营销最大的特点是以"知识营销策略"为主导。营销策略的改变，对市场营销人员的专业要求也相应提高，需要他们熟悉地掌握新媒体平台的操作运营技术。

8.2.2 新媒体时代市场营销的发展趋势

新媒体背景下的市场营销是建立在互联网技术上的，且受众享有主动性的新型营销模式。与传统企业主导的市场营销模式不同，新型的营销模式更能体现受众的自主选择性，是依托现代信息技术，在新的媒介环境中进行的营销活动。

在当下新媒体时代的冲击下，企业必须调整传统的营销模式，顺应市场经济形势的快速发展。企业在产品的营销过程中，必须适当调整原有的营销模式。改变一贯以将产品营销出去为目的销售手段，转而更加注重客户的需求和感受，采取"线上线下"的营销模式，线上获取受众的需求，线下完成产品的最终交易，这也是当下许多电商经常采用的营销方式,从而逐步推进市场营销的新媒体化。

这样一种"线上线下"的营销模式是顺应了新媒体信息化时代的发展趋势。从实际情况来看,企业新媒体市场营销策略的制定应该与新媒体时代的市场环境相辅相成。随着新媒体时代发展日趋成熟,受众在对产品信息的筛选上,大多数情况下会选择具有较高媒体影响力的产品,因为这类产品具有一定的质量保障,同时满足了受众对产品的心理需求。因此,新媒体营销手段的成功与否与市场环境的契合度有着必然联系,通过新媒体营销手段推销的产品与市场环境的契合度越高,产品在市场上所受到的关注度也就越高。在传统的市场营销模式已经无法满足当下人们对产品的需求时,过去那种首要考虑产品宣传力度对市场的影响力的营销模式在新媒体时代氛围中已经逐渐减弱了其影响力。因此,企业的营销模式必然要做出相应的调整,从而顺应新媒体环境的变化趋势,运用新型的营销手段将市场环境有机契合起来,更好地将产品推广出去。

8.2.3 新媒体时代市场营销的策略经验

随着新媒体时代的到来,互联网平台的建立与发展促进了市场营销策略的改革创新。先前占据主流位置的实体市场模式逐渐弱化,取而代之的是以用户体验及口碑评价为主的极佳的新媒体环境下的营销模式。如今,企业更应该根据自身产品的目标定位确定市场,为特定层面的受众提供更加优质、多元化的服务,这也是新媒体环境下市场营销策略的核心所在,它顺应了当下新媒体化的市场营销模式。

在新媒体时代,传统市场营销模式不断受到冲击,企业要想在激烈的营销竞争中取得胜利,就必须转换方向,以受众为主体,提供满足受众的优质服务。以新媒体技术作为为驱动,应对当下碎片化市场环境的挑战。

1. 制定精准的营销策略

广告界第一个公认的广告主约翰·沃纳梅克曾说:"我在广告上的投资有一半是无用的,但是问题是我不知道是哪一半。"由此可见,所谓的广告本身就存在缺陷,在产品的营销上并没有产生绝对的作用。在激烈的市场竞争中,企业能够精确地找到目标受众在市场营销中就显得尤为重要。在新媒体时代,拥有精准的营销策略如同拥有了一件"利器",是企业占有市场的制胜法宝。因此,当企业在将产品推向市场时,首先确定产品的市场定位,从而寻求相应的目标受众。在新媒体技术的支持下,企业能够提前获取到潜在受众对于产品的需求,并且能够及时与受众进行交流沟通,建立起较为完整有效的受众大数据,这也是确定精准的营销策略的必要条件。如今,不仅企业能够主动搜索目标受众的需求,制定多元化的营销方式,实施有效的推广,而且受众也能主动地与企业进行及时的沟通,从而实现精准的营销。企业制定精准的营销模式,不仅降低了企业在传统营销模式上的经济支出,减少营销浪费,而且也提供了更加方便的渠道对受众进行需求调查,更好地为受众提供个性化的服务,提高受众对企业的满意度。

2. 建立良好的互动营销模式

在新媒体环境下,受众与企业之间的交流互动已日趋频繁,人们可以通过手机、电脑等终端与企业进行及时的联系。受众主动对企业进行选择,为企业提供有价值的信息,是建立良好互动营销模式的必要条件。企业要学会新媒体环境下的营销方式,更加重视与目标受众之间的交流互动,让受众在企业的营销活动中感受到自身的主导地位,以更好地满足受众个性化的需求。

以新媒体市场的发展趋势为背景,企业通过对自身特点的探索,制定迎合市场环境形势的营销发展策略,创新市场营销模式,主动与受众构成良好的交流沟通互动关系,重视受众在新媒体市场营销中的主导地位,保证企业在新的市场竞争形势下,获得最大的经济效益。

8.3 产品创新——用大数据指导产品开发

8.3.1 产品创新

1. 产品创新是一个系统工程

产品创新是现代企业发展的焦点,是一个复杂的系统工程,除了本身的创新之外,必须依赖于模式创新、管理创新、渠道创新、传播创新等各个方面。其最大的意义在于通过提供差异点来获取市场份额。一方面,在现在这个商品丰富的时代,渐进式的创新通常要用不高的技术门槛去面对虎视眈眈的业界大鳄。往往一个新产品出现,创新者还来不及收获红利,便已经被跟随者利用巨大的体量带来的规模优势压垮,市场份额被鲸吞蚕食。新产品问世在既有的市场份额、用户使用习惯、影响力、渠道等各方面,都难以实现对同类产品的全面超越,而依赖价格战,最终也会输掉品牌前景。因此,创新是获得市场份额的最重要手段,要学会把握未来的发展趋势。

2. 产品创新越来越趋向自然

现在,我们面对的就是这样一个需求高度分散、模糊的市场,回归自然是现代消费者的基本需求。人们对消费品的选择趋向,是一个循环的过程(图8.1)。在最开始,市场上呈现的是产品的供给与消费能力都严重不足的态势。在供应端,产品生产工艺受限,因此加工工艺普遍比较原始,贴近自然。后来,随着生产效率的提升,人们的消费能力也逐渐增强。这时,从总体上看,生产者越发倾向于效率、成本导向型生产模式,也就是假设市场上人们的需求是相同的,提供最符合效率的产品,满足消费者最显而易见的需求。其实,回归自然、本真,一直是消费者客观存在的需求,但在传统工业时代,这样的需求往往优先级较低,不得不让位于成本和效率,在消费市场转型的过程中,效率与成本的需求得到了充分满足,因而效率与成本的优先级逐渐降低,而回归自然的优先级不断上升;从精神上而言,产品概念越来越趋向于人性和关爱,这个原因同上。不难发现,这两方面的需求是一直存在的,只是在从前的时代被压制了,在今后,越是消费升级,这两方面的需求就越会凸显。

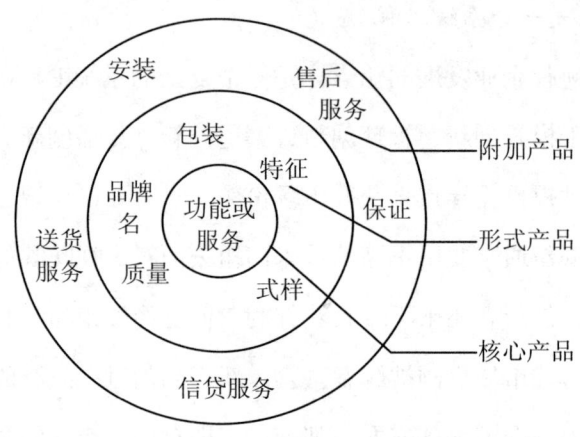

图 8.1　人们对消费品的循环选择过程

3. 产品创新需要平台意识,跨界思维

2003 年,淘宝网开始运营。而网上购物这个概念,更是在 20 世纪 90 年代末就已经进入中国。但当时的中国人没有多少接触过电商的。而现在,电商已经成为了相当一部分中国人生活中不可或缺的部分。这十几年中,究竟发生了什么样的变化?应该说,电商本身并没有太多的变化,或者说相对变化小一些,但电商的产业融合程度加深了。在电商进入中国的最早阶段,物流体系与电商并没有充分地融合,以至于出现了电商拍货、当面交易的可笑模式。而第三方支付平台的普及率偏低,银行系统网银业务的滞后,都让电商与其他产业、概念缺少融合,更谈不上特色嫁接了。而伴随着融合进程的推进,今天,电商、快递、第三方支付平台、网银已经完全融合成了一种新的共生经济圈,通过自身的特色,从彼此的发展中互相促进，形成的是一个跨行业、跨领域、跨地区的综合性共生平台（图8.2）。伴随着融合进程的加速，越来越多的壁垒被打破。高价值大型商品（如汽车等）、低价值易损耗商品（如冰淇淋等）这些曾经的电商禁区，也一一被打破。而食品行业中，在开发过程中就考虑到商超、电商、实体体验店、O2O 配送体系的多平台产品也越来越多。当一款新产品出现时，具有多重概念，将为之提供更多的发展可能，更容易嫁接其后出现的新概念，也利于风险对冲。

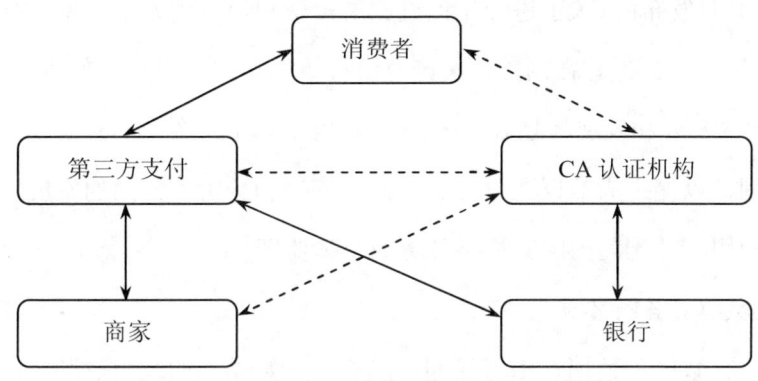

图 8.2　新的共生经济圈

8.3.2　大数据

1．大数据的发展

大数据应用成为各界的研究热点，是继互联网、物联网、云计算之后又一颠覆性的信息技术产业变革，蕴藏着巨大的经济价值和社会价值。高德纳咨询公司（Gartner Group）曾预计：2015 年，大数据将会为全世界增加近 440 万个信息技术岗位。2015 年 6 月，我国金融信息中心指数研究院发布的《新华（大连）软件和信息技术服务业发展指数报告（2015）》显示：2014 年，全球大数据市场规模达到 285 万美元，同比增长 53.2%，高于整个信息和通信技术市场的增长速度，成为 IT 市场新增长点。可想而知大数据蕴含大价值，加之大数据的挖掘分析和应用，对新品开发、新型服务运作、市场定位、营销策略和发展决策有着重要的影响和作用。

国家层面已重视大数据发展和潜在价值，并希望通过对海量数据的挖掘和分析，获取新知识和决策支持。在国内，工信部将信息技术纳入《物联网"十二五"发展规划》中，并提出把信息处理技术作为一项关键技术创新工程；科学技术部将"大数据的发展"纳入《国家"十二五"科学和技术发展规划》；国务院办公厅于2015年8月发布的《关于进一步促进旅游投资和消费的若干意见》提出实施"互联网+旅游"行动计划。在国外，美国总统办事机构（EOP）早在2012年就发布的《大数据的研究和发展计划》，提出联邦政府十二个主要部门开展大数据研发应用行动计划，以促进大数据在收集、存储、挖掘和分析等方面的发展，展示了大数据研发应用上升到美国国家战略部署的总体蓝图。

2. 大数据在各行各业的应用

如今，大数据正悄悄包围着我们，随着"大数据"的应用热潮，国内各行各业也开始重视"大数据"的应用，已有不少人开始关注、研究和应用"大数据"。

（1）大数据在金融行业的应用。高频交易（HFT）是大数据应用比较多的领域。其中大数据算法应用于交易决定。现在很多股权的交易都是利用大数据算法进行，这些算法现在越来越多地考虑了社交媒体和网站新闻，并以此来决定在未来几秒内是买进还是卖出。

（2）大数据对信用卡产品的营销具有很大的促进作用。例如，在大数据的环境下，银行可以利用先进的互联网、云计算等新兴技术，对消费者的刷卡行为进行数据化的分类、统计，通过整理数据获取消费者的消费习惯、消费能力、消费偏好等非常重要的数据信息。通过客户数据、财务数据来区隔客户，通过消费区域定位、内容定向，知晓他们的消费习惯，然后进行深入的数据分析挖掘和展开精准营销。

（3）我国大数据产业发展面临难得的发展机遇。一方面，我国互联网和手机用户世界第一，互联网和各行业信息化系统经过多年发展沉淀下来的数据量已经十分庞大，而且随着物联网和智慧城市的发展建设还将快速增长，开发利用这些数据将为我国经济发展注入新活力。另一方面，我国也面临着经济结构转型升级、公共服务改进提升、环境保护持续推进等方面的压力，大数据技术的应用不仅有助于更好地应对这些挑战，还能够为我国信息通信业提供新的发展空间。因此，大数据的关键是蕴藏在其中的价值，如果能够被提取出来加以利用，将产生巨大影响。一方面，大数据将对经济发展产生巨大的推动作用。另一方面，大数据应用也将人类认识自然和自身的能力向前推进了一大步。

社交网、电子商务和物联网时刻都在产生着海量、异构和动态变化的"大数据"。人们普遍认为，这些大数据中蕴藏的丰富知识可极大地助推经济社会发展，且在新一轮发展中的战略价值不亚于石油。2012年1月，世界经济论坛年会把"大数据、大影响"作为重要议题。同年3月，美国政府发布《大数据研究和发展倡议》，拿出两亿美元提升美国利用大数据的能力，各国也纷纷从政府数据开放、技术研究和应用等方面布局，全球大数据产业链加速构建。大数据时代的产品创新和新产品开发既要继承传统产品创新和新产品开发的经验，又要针对大数据时代的特点进行创新和突破。马云曾说过："我们其实正在进入一个新的能源时代，这个时代核心资源已经不是石油，而是数据。"大数据时代的今天，当今世界正在经历着数据洪流的发展，前沿科技的创新和数据息息相关，创业公司的前瞻重点更是与大数据密不可分。大数据时代的数据处理技术先进，能够让消费者积极参与到企业的产品创新和新产品开发中，使得传统的以企业为主导的产品创新和新产品开发转变为企业和消费者双重驱动的创新，研究大数据时代产品创新和新产品开发的新特征极具时代意义。

8.4 服务创新——用个性化服务占领市场

1. 服务创新

创新是企业的灵魂,也是企业的核心竞争力之一,关乎企业的生存与发展。对于当前中国企业来讲,创新(图 8.3)不仅包括技术创新、管理创新,还包括服务创新。服务创新从不同的角度看,有着不同的意义,从社会角度看,服务创新是创造和开发人类自身价值、提高和完善生存质量、改善社会生态环境的活动。因此,服务创新通过满足物质需求、精神和心理需求,并提供解决问题的能力,保障人们的精神和心理上的健康,使人们得到满足感和成就感;从方法论角度看,服务创新是指开发一切有利于创造附加价值的新方法、新途径的活动。这种途径可分为围绕物质生产部门的管理、组织、设计等的软技术创新活动,围绕文化产业、社会产业的文化娱乐、体育、媒体等的丰富精神生活术,围绕传统服务业和狭义智力服务业的软技术的创新。服务创新是指发明、创造或开发、应用新的服务方法、服务途径、服务对象、服务市场的活动,它就是一种使潜在用户感受到不同于从前的崭新内容,是指一种新的设想、新的技术手段转变成新的或者改进的服务方式。

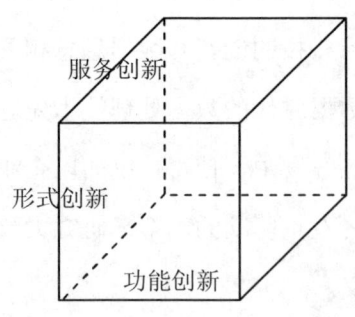

图 8.3 创新形式的维度

2. 消费者的不同需求

营业窗口是商业企业与客户交流的桥梁，也是商业企业对外开展服务功能、展示企业文化的平台，营业员则是窗口的主体。商业企业能否在消费者心目中树立良好的形象、建立品牌忠诚，很大程度上取决于营业人员的服务水平。"与客户有效的沟通"体现在行动上就是"了解消费者需求，满足消费者需求"，"满足"则体现在两个层次，即商品功能上满足和心理满足。每一个消费者都是不同的，包括年龄、性别、职业、身份、生活环境、性格、气质等，种种不同使他们对商品的核心要求、期望、潜在需求等各不相同，如何在合理的范围内最大程度地满足不同消费者的需求是销售工作的一门艺术，是每一个有上进心的销售人员所追求的目标。

3. 个性化服务

（1）个性化的需求

在日益发展的中国，个性化需求潜移默化地深入消费者的消费行为中。从衣食住行到消费者的消费行为习惯无一不体现着个性化需求的影子，这种影子在年轻的消费者中体现得更为明显。在买衣服的时候，女性消费者都想着买一些与众不同的；吃饭时找特色餐等，这都是消费者对个性化的需求。有这样一个案例：在沈阳市的一些饭店中，饭店的服务人员总会为消费者递上围裙之类的东西，这也是一些饭店个性化改革的结果。但是，就在这些企业默默为消费者提供个性化服务的同时，也有很多消费者表示不解和疑虑。据调查统计，在沈阳市，绝大部分的消费者对个性化服务不甚了解，同时对个性化订制也存有疑虑。女性消费者对于衣帽等总存在着不想撞衫的心理，那么，在可以订制衣物的年代，她们真的会去订制吗？显然，答案是否定的。她们会担心衣物的质量问题、款式问题等。所以，这就是现阶段个性化需求的现状：个性化服务杂乱无章、尚未成型，同样，消费者对于订制产品心向往之却又存有疑虑并未行动，导致即便是个性化的企业存在，其发展道路仍旧坎坷。同时，若无个性化的服务企业存在，消费者却又对个性化服务有需求，那么，这就将直接导致消费者有需求却很难得到及时满足，进而产生对服务市场的不满。

（2）个性化服务与标准化服务

1）个性化服务是相对于标准化服务的一种服务理念，但前者与后者并非对立的关系，而是一种延伸。它不仅可以增强消费者忠诚度，还可以增加竞争优势，提高企业利润。消费者需求是支撑企业经营和商业活动的核心，增加消费者数量和减少消费者流失对企业发展尤为重要，提高消费者满意率是实现该目标的唯一手段，所以只有个性化服务才能提供更多的心理满足。另一方面，随着时代的发展，各种形式的商业模式逐渐兴起，如电视营销、电话营销、网络营销、手册营销等。企业通过不同的方式和技术手段开展销售，争夺标准化服务的市场，扩大自身的市场份额。

2）标准化服务的市场逐渐受到挤压，个性化、差异化服务逐渐成为市场争夺的焦点。在多种商业模式中，商场的标准化、规模化、集中化优势受到强烈的冲击，而购物气氛、商品直观和营业员的现场导购逐渐成为其核心竞争力。因此营业员的服务能力越来越成为商场赖以生存的决定因素之一。可见个性化服务是未来商场赢得竞争优势的必要手段。

3）现在很多人都在讲个性化服务，却没有抓住个性化服务的本质。其实个性化服务最根本的问题是要从消费者的需求来考虑问题，最终拉动市场，而不是根据企业管理者或一线营业人员的主观来推动市场。所以营业员在商品推介中首先要了解消费者挑选和购买商品的行为和心理规律，以便针对消费者的不同行为和心理规律进行推介。

（3）个性化更容易引起消费者注意

在世界经济全球化的今天，中国经济也越来越发达，消费者随着物质水平的提高，在满足基本需求的同时，更寻求着不同的生活乐趣，追求个性化，使人们对个性化服务的需求日益显著。个性化需求量逐渐增多，人们开始追求个性化、定制的产品或服务。但是在现阶段的市场中，个性化产品和服务数量很少，从事这类业务的企业相对较少。对消费者而言，个性化的订制产品往往比普通产品更加地引人注意，而且也满足了消费者独一无二的"虚荣心"。例如，中国最大的电商平台淘宝于2014商家推出了类似于百宝箱之类的商品，消费者并不知道商品盒内会装有什么，这毫无疑问地在吸引购买者的同时，又增加了趣味性。

8.5 意识创新——从大而全到小而美

创新创业教育是培养人的创业精神、创业意识、创业思维、创业技能等创业综合素质，使被教育者具有一定的创业能力的教育。创业教育被联合国教科文组织称为教育的"第三本护照"，被赋予了与学术教育同等重要的地位"十三五"规划（2016—2020年）明确提出"实施创新驱动发展战略"和"深入推进大众创业万众创新"，以人才发展为支撑，推动科技创新与大众创业、万众创新有机结合，塑造更多依靠创新驱动、更多发挥先发优势的引领型发展。推进大众创业、万众创新，是培育和催生经济社会发展新动力的必然选择。

在市场经济发展日渐成熟的现状下，过去"野蛮生长"方式亦能生存、处处是顾客与商机（市场不饱和）的时代已经一去不复返了，现实中更多的企业往往是在"夹缝中求生存，变化中寻商机"。因此，现如今绝大多数的创业机会都需要通过系统的分析才能够得以科学有效的发现。滴水石穿，非一日之功；冰冻三尺，非一日之寒。调研、分析、记录想法、再调研分析……，这是一个"日积月累、厚积薄发"的过程。例如，瑞士最大的音像书籍公司的创始人说他就有一本这样的笔记本，当记录到第200个想法时，他坐下来回顾所有的想法，然后开办了自己的公司。

第 9 章

创业资源

学习目标

- 理解商业模式基本内涵。
- 掌握商业模式设计具备的基本条件。
- 学会如何设计成功的商业模式。
- 理解成功的商业模式的设计思路。

9.1 创业资源概述

创业资源是指创业者在创新企业及创造价值的过程中所需要的特定资产，包括有形与无形的资产，它是新创企业创立与运营的基本必要条件，主要表现在：创业人才、创业技术、创业资本、创业机会、创业管理等。

9.2 创业资源整合

> **案例**

没有任何资源，难道就不能做事情，不能创业，就不能赚大钱吗？我们不能被眼前的困难吓倒了，要明白一个道理，资源是可以整合的，没有工厂，可以借别人的工厂生产，没有品牌，就先做别人的品牌，然后在积累了一定基础后，做自己的品牌，同时也可以整合其他品牌资源。比如说，怕上火就喝王老吉，你就说，上火就喝"降火王"，当别人喝王老吉的时候，同时也想到你。基本上企业的任何资源都可以整合。

现在这个时代，靠一个企业独立经营、单打独斗，力量是十分有限的，一定要整合各方面的资源才能把一个企业做大。

牛根生是这方面的牛人。牛根生刚开始只是伊利的一个洗碗工，凭着自己的勤奋和聪明做到生产部门的总经理。后来被伊利以各种原因辞退了，但是他那个时候都40多岁了，去北京找工作，人家嫌弃他年纪大。没有办法又回到呼和浩特，邀请了原来伊利几个同事，一起出来创业，人有了，但是没有奶源，没有工厂，没有品牌，每一项都是致命的。

牛根生开始整合资源了，通过人脉关系找到哈尔滨一家乳制品公司，这家公司的设备都是新的，但是生产的乳制品质量有问题，同时营销渠道这一块有没有打通，所以产品一直滞销，牛根生马上找到这家公司的老板说："你来帮我们生产，我们这边都是伊利技术高层，帮忙把关技术，牛奶的销售铺货我们也承包了。"这位老板一听，马上答应下来。而且他们几个一起出来创业的伙伴也有落脚的地方，解决了生存的问题。

第二个问题，没有品牌怎么办？在乳制品这个行业，没有品牌很难销售，因为品牌代表着安全可靠。借势，整合，打出口号"蒙牛甘居第二，向老大哥伊利学习"，口号一出，让伊利情何以堪，却又哭笑不得。一个不知名的名牌马上跻身全国前列。牛根生不只是盯着伊利，而是把自己和内蒙古的几个知名品牌联系起来，说："伊利、鄂尔多斯、宁城老窖、蒙牛为内蒙古喝彩！"因为前三个都是内蒙古的驰名商标，把自己放在最后，给人的感觉就是蒙牛是内蒙古的第四品牌。牛根生整合品牌资源，没有让蒙牛花一分钱，就迅速让蒙牛成为知名的品牌。

第三个问题，没有奶源怎么解决，自己去买牛去养，可是牛很贵，也没有那么多人员去照顾，蒙牛就整合了三方面的资源，第一个是农户，第二个是农村信用社，第三个是奶站的资源。蒙牛让信用社借钱给奶农，然后自己作担保，而且承诺包销路。奶牛生产出来的奶由奶站接收，蒙牛又从奶站接收奶。这样蒙牛定时把信用社的钱还了，又把利润给了奶农，并趁机喊出一个口号："一年养10头牛，过的日子比蒙牛的老板还牛。"

很多事情不是自己想做就能做，即使自己做也很难做好，而且会花费太多的人力物力。这个时候，就要整合资源，发挥自己的长处，整合别人的优势，用更少的成本创业，或者说零成本创业都有可能。

创业者能否及时和成功地开发出机会，进而推动创业活动向前发展，通常取决于他们所掌握和能获得的资源，以及对资源的合理整合能力。许多创业者在创业初期阶段所能获得与使用的资源都相当匮乏，而能够创造性地整合和运用资源是所有优秀的创业者在创业过程中所表现出的创业能力，并带来持续性竞争优势的战略资源。

（略有改动，作者：饶欣合纵（来自豆瓣），来源：https://www.douban.com/note/608306843/）

牛根生被辞退之后萌生了创业的念头，在没有奶源，没有工厂，没有品牌的时候能适时和成功地开发出机会，懂得对资源的合理利用（整合），因此获得了现在的成功。

虽然创业型企业资源比较匮乏，但实际上创业者所拥有的创业精神、社会关系以及独特创意等资源，同样具有战略性。创业者一方面要借助自身的创造性，用有限的资源创造尽可能大的价值，另一方面更要设法从各个渠道获取和整合各类战略资源。

1. 善用资源整合技巧

创业总是和创新、创造及创富联系在一起。一位创业者结合自身创业经历提出了这样的观点：缺少资金、设备、雇员、销售渠道等资源，实际上是一个巨大的优势。因为这种压力会迫使创业者把有限的资源合理地集中利用起来，并使用有效的方法，高效地释放出去，专注于产品的销售，进而为企业带来一定数量的现金资源，以有效地实施下一步计划。为了确保公司可持续性发展，创业者在每个阶段都要问自己，怎样才能用有效的资源获得更多的价值来创造并实现下一步的战略目标？

学会拼凑。很多高新技术企业的创业者并不是专业科班出身，可能是出于兴趣或其他原因，对某个领域的技术略知一二，却凭借这个略知的"一二"敏锐地发现机会，并迅速而有效地实现了相关资源的整合。

稳扎稳打。创业企业在初期为了求生存、抢占市场份额，部分创业者不注重环境保护，或者盗用别人的知识产权，所生产产品的质量达不到市场标准。这样的一些情况尽管短期内可能赚取大量利润，但长期而言，对企业发展前景非常不利。需要各位创业者"有原则性地保持节俭"，把手里的资源阶段性的投入，并在每个阶段投入一定量的资源。"稳扎稳打"的策略表现为自力更生，减少对外部资源的过度依赖，目的是降低经营风险，加强对所经营企业的有效控制。

2. 发挥资源杠杆效应

在商业世界里有五种杠杆效应，分别是别人的资金、别人的经验、别人的主意、别人的时间、别人的能力。这五种杠杆谈的就是资源整合的五大要素，现有资源会对初创企业者产生一定的约束与限制。但成功的创业者往往善于使用关键资源的杠杆效应来放大成果，有效利用一些人员或者一些企业的资源来完成自己的创业目的：用一种资源补足另一种资源，产生更高的复合价值；或者利用一种资源撬动和获得其他资源。

对创业者来说，容易产生杠杆效应的资源，主要包括人力资本、社会资本等非物质资源。创业者的人力资本由一般人力资本与特殊人力资本构成。一般人力资本包括受教育背景、以往的工作经验及个性品质特征等。特殊人力资本包括产业人力资本、创业人力资本。

特殊人力资本会直接作用于资源获取，有产业相关经验和先前创业经验的创业者能够更快地整合资源，更快地实施市场交易行为。一般人力资本使创业者具有知识、技能、资格认证、名誉等资源，也提供了同窗、校友、老师以及其他连带的社会资本。

3. 利益机制的合理设置

公司的各个参与主体有着自己的利益取向，这是客观事实，甚至是不可避免的。有时有利益关系也并不意味着能够实现资源整合，还需要找到或发展共同的利益（或者说利益共同点）来协调、约束各方利益，达到一种均衡状态，维持公司的正常运作，不至于使得各参与者之间的利益冲突失控。这在一定程度上就能保证任何一个公司参与主体不能以牺牲其他主体的利益为代价而任意扩大自己的利益范围，以此达到一种均衡，并协调各种力量共同为公司的发展做出贡献。

对于在长期合作中获益、彼此建立起信任关系的合作，共赢的机制一经形成，进一步的合作并不艰难。但对于首次合作，建立共赢机制尤其需要智慧，要让对方看到潜在的收益，并且为了获得收益而愿意投入资源。

9.3　商业模式概述

商业模式是一个宏观的经营体系，它整合了企业在经营过程中的各个环节，让各个环节协同高效运作，并以一种简单的方式表现出来，人们看到的只是它的表现方式。

商业模式简单地说就是企业通过一种独特的、不易被模仿的商业途径来整合产业链的各个环节，让参与进来的各个企业、投资者和消费者共同获益的一种商业系统。

9.3.1　商业模式搭建的条件

近年来，商业模式已经成为业界高度关注的热点问题，美国创新成功的企业中有60%以上是商业模式的创新。好的商业模式能够创造出更大的商业价值。到底什么是商业模式？什么是一个好的商业模式？商业模式包含哪些基本要素？

1. 什么是商业模式

商业模式是一个企业满足消费者需求的系统，这个系统组织管理企业的各种资源（资金、原材料、人力资源、作业方式、销售方式、信息、品牌和知识产权、企业所处的环境、创新力等），形成消费者无法自力生产而必须购买的产品和服务，具有自己能复制但不易被模仿的商业特性。

2. 什么是一个好的商业模式

一个好的商业模式是"设计"出来的，它可能会给企业带来巨大的成功。事实上，进入"互联网+"时代以来，企业取得巨大的成功大多是因为商业模式而不是产品。比如微信，看似是一款实时通信软件，而实际上微信的成功，最重要的是它体现了好的商业模式。通过这款产品可以让很多利益相关者获得低成本、高收益的巨大效应。再比如淘宝，它的产品到处都可以买到，也没有大家想得高大上，就是因为它的C2C模式改变了人们的购物习惯、消费观念。如何科学合理地设计一个好的商业模式是创业者更应该关注与研究的课题。一个好的商业模式应该具备以下基本特征：

（1）定位准

市场定位的核心是要寻找到一个差异化的市场，为这个市场提供独有优势的产品。确立好的市场定位的关键是细分市场，并寻找到能够利用自身优势来满足该细分市场所需要的产品和服务。

（2）市场大

除了准确定位以外，我们需要确保所瞄准的目标市场是一个拥有高成长预期的大规模市场，而且更重要的是，要考虑清楚是否能确保市场在未来持续高成长。

（3）扩展快

这是很多商业模式在设计时最容易忽略的一个问题，也是决定该模式是快速增长还是平滑缓慢增长的最关键环节。收入是否快速扩展，是衡量商业模式能否迅速做大的最关键因素。任何一个公司的收入规模根本上取决于客户数量及平均客户贡献两个因素。

（4）壁垒高

自己进入时壁垒要低，进入后要能建立起高的壁垒，让竞争者难以进入。这是考虑壁垒因素的重点所在。很多企业之所以发展到一定阶段就出现问题，就是没有考虑到后进者的壁垒，很容易被人赶超。

（5）风险低

重大的商业模式成功都是在很多不确定的高风险环境下取得的，机会必然伴随相应的风险。评估风险并不是回避风险，而是要识别所有可能出现的风险，制定相应的对策，使得风险都是可控的，即通过利用风险、规划风险、管理风险创造商业模式的成功。

（6）共赢

买方购买卖方的产品或者服务，更重要的是获得产品或服务所带来的使用和体验价值。传统业务的买卖关系中，由于存在信息不对称和市场开放性不好的原因，更多表现为买卖双方对比实力大小的一种动态平衡关系，根本不存在共赢的说法。在新的商业环境中，交易的各角色之间的关系逐渐地趋向于一种平等，大家更关注的是各自能够获得各自的利益。

（7）创新

商业模式的创新和技术产品创新本质上是一样的。商业模式的创新是一件比技术和产品创新更难的事。商业模式创新是对细分市场和特定客户群需求以及利益相关者的需求有深入理解，找到那些利益点，把它们有机地整合在一起，形成一个利益共享的商业模式。

3. 商业模式包含哪些基本要素

商业模式应具有 6 个方面的基本要素（图 9.1）：定位、业务系统、关键资源能力、盈利模式、现金流结构、企业价值。这 6 个要素互相作用、互相决定，关系如下：

（1）相同的企业定位可以通过不一样的业务系统实现。

（2）同样的业务系统也可以有不同的关键资源能力、不同的盈利模式和不一样的现金流结构。例如，业务系统相同的家电企业，有些企业可能擅长制造，有些可能擅长研发，有些则可能更擅长渠道建设；同样是门户网站，有些是收费的，而有些则不直接收费等。

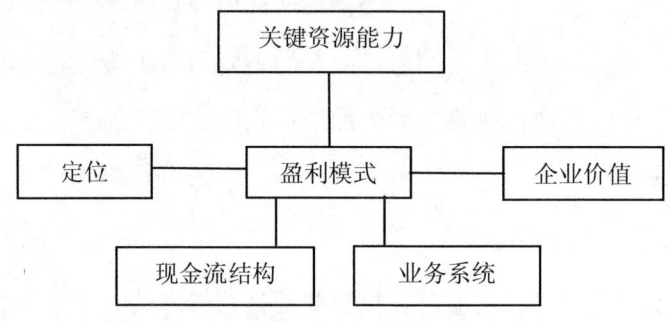

图 9.1　商业模式的 6 个要素及其相互作用

商业模式的构成要素中只要有一个要素不同，就意味着不同的商业模式。一个能对企业各个利益相关者有贡献的商业模式需要企业家反复推敲、实验、调整和实践这 6 个方面才能产生。

9.3.2　商业模式背后的逻辑

一个成功的商业模式具有自身的逻辑系统。

1. 客户价值是商业模式的基础

任何商业模式都是为了持续优化客户在消费过程中的体验或者是为客户创造新价值的体验（持续为客户提供高效、优质的服务），如果能寻找到实现这种提升客户体验价值的途径，也就形成了一种商业模式的创新。

2. 企业生存的生态链系统使得商业模式更具有竞争力

围绕企业的内外部环境，对供应者、内部运营价值链、销售渠道、客户及其他利益相关者和竞争者组成的生态链系统进行资源与能力的分析，能够确定企业的生态链系统是否支持客户价值主张，并最终确定系统整合方向，从而提升商业模式的竞争力。

3. 作为软实力的企业文化是企业执行活动的支撑系统

在商业模式的创新过程中，缺少文化的企业处处受阻，而存在特定的、隐含的文化的企业一定会成功。企业应该将文化作为运行的软实力并去努力提炼自身特有的文化，强化企业文化的正能量，鼓励员工融合到文化中，提高企业的执行效力。

第 10 章

初创企业管理

学习目标

- 了解企业人力资源管理的概念、特征、职能。
- 了解初创企业在人力资源管理上经常会出现的弊端。
- 理解市场营销管理的重要性。
- 理解财务管理的重要性以及大学生初创企业存在的问题。

10.1　企业人力资源管理

人力资源管理是大学生创业初期的基础，大学生创业团队的形成具有很强的随机性，经常是老板即管理者，通常一人多岗，缺少专业型高端人才。同时，领导班子和工作团队都处于磨合期，在配合和协调上也会耗费很大时间和精力，而在机遇面前，企业没有一丁点时间可以浪费。

10.1.1　企业人力资源管理的概念

企业和任何组织都是由人组成、由人运作的，各项工作都是由企业中的各个部门及其员工个人完成的。但是，如果企业仅仅只是设立部门机构，交付给员工不同的工作，并不能保证员工会发挥主动性、积极性和创造性，出色地去完成所交付的工作。工作流程的顺利运行、生产与服务的高质量、整体竞争优势的发挥，都需要对人进行管理。现代管理是以人为中心的管理，把人当作一种使企业能在激烈的竞争中生存、发展，并始终充满生机和活力的特殊资源来精心地开发利用和科学地管理，已成为现代管理思想的重要内容。

所谓人力资源管理是指企业对人力资源的取得、开发、保持和利用等方面所进行的计划、组织、指挥和控制的活动。企业人力资源管理所关注的焦点是如何依据企业的发展战略及其目标，进行人与人关系的调整、人与事的配合，以充分开发和利用人力资源，激发员工的积极性和创造性，在提高企业生产率和竞争力的同时，提高员工的工作生活质量和满意度。

10.1.2　企业人力资源的特征

企业人力资源是进行生产活动最基本、最重要的资源，是一种不同于任何其他资源的特殊资源。其具有下述特征。

1. 具有不可剥夺性

人的智力和体力与具体的人紧密联系在一起，是不可分割的。要想获得一个人的智力和体力，首先必须获得这个人，进而要通过各种激励措施使他的聪明才智充分发挥出来；同样，如果你留不住人或不能有效地激励他，那么这个人有再高的才智也不可能为你所用。因此，企业人力资源属于人自身所有，具有不可剥夺性。这是企业人力资源区别于任何其他资源的根本特征。

2. 具有生物性

企业人力资源存在于人体之中，是一种活的资源，它与人的生理特征、基因遗传等紧密相联。每一个人都有不同的个性、性格、气质，外形有少、青、壮、老年，体魄有弱、强、病、壮等。因此，对人的管理和对物的管理有很大的区别，即不可能像加工制造机器零件那样，把每一个人都按照事先设计的标准加工成统一的产品，而要充分考虑人的心理、生理的动态可变性和多样复杂性。

3. 具有时代性

时代条件制约着企业人力资源的数量和质量以及人力资源素质的提高，人的思想、理念、文化、观点、意识等也会随社会的发展而变化。因此，企业人力资源的形成具有时代性。

4. 能动性

企业人力资源具有思想、情感和思维，能够有目的、有意识地主动利用其他资源，通过劳动来创造社会财富，因而它在社会发展中起到了积极和主动的作用；其他资源则处于被动使用的地位。此外，企业人力资源还是具有创造作用的资源，能提出一些全新的方法，加速技术进步和经济发展；能适应环境的变化，积极地应变、进取和创新发展，使企业充满活力。

5. 时效性

企业人力资源存在于人的生命之中,它的形成、开发和利用都要受其生命周期的限制。每个人均要经过儿童少年期、青壮年期、老年期,由于每个时期人的体力和智力不同,其各个时期的劳动能力各不相同,因而人力资源在各个时期的可利用程度也不相同。从个人成长的角度来看,人力资源的培养也有幼稚期、成长期、成熟期和退化期的过程。因此,企业人力资源不能长期储而不用,否则就会荒废、退化;同时企业人力资源具有劳动能力发挥的最佳时期,必须适时开发,及时利用。

6. 可再生性

企业人力资源是"活"的资源。一方面,通过人口的繁衍,人力资源能够不断地再生产出来,世世代代延续下去;另一方面,人的体能在一个生产过程中消耗之后,又可以通过休息和补充能量而得到恢复。更重要的是,企业人力资源在使用过程中,有一个可持续开发、丰富再生的独特过程,使用过程也是开发过程。例如,人在工作以后,可以通过不断地学习,更新知识,提高技能。而且,通过工作,人可以积累经验,充实提高自己,从而实现自我补偿、自我更新、自我丰富、持续开发。因此,人本身、人的体能与知识技能,都是可以再生的。

10.1.3 创业初期企业人力资源管理上的常见弊端

处于初创阶段的企业所面对的高风险性和不确定性等特征因素,决定了企业在初创阶段想吸引人才和留住人才都具有明显的劣势,这也是导致初创企业面临较大人力资源风险的主要原因。很多创业初期的企业,在人力资源管理上或多或少都存在着一些弊端,最常见的主要表现在以下六个方面。

1. 人力资源部只是办事部门而不是管理部门

人力资源部并不参与管理、决策,只是负责招聘时的初试、去人才市场摆摊、和招聘渠道商联系并洽谈招聘广告事宜等事务，而没有招聘预算，招聘广告要登多大版、花多少钱都要请示老板。在用人方面，标准也是要按老板的要求，根据老板的喜好而不是企业的需要；如果要晋升或调动某个岗位的人那更是要经过老板的同意。在薪资福利政策的制定方面股东的意见或者老板的意见是有决定作用的，更多时候人力资源部只是把股东的意愿变成规范的文字。因此，在绝大多数创业初期的企业，人力资源部只是一个办事部门，而不是一个管理部门，失去了独立的意志，从而也失去了人力资源管理的真正意义。

2. 对人才的重视仅停留在口头

几乎所有的企业都说自己是以人为本的，但是我们在企业的管理过程中会发现很多和以人为本的理念相违背的情况。比如，一家公司丢了一台电脑，企业所有者是肯定要追查丢失的原因；但是员工离职了，企业却很少去研究员工离职的真正原因，甚至不愿意去承认员工的离职是由于企业的过失；这说明在企业管理者心里，员工没有电脑重要。绝大多数初创企业更愿意把精力和投资用在销售上，却很少在如何改善员工的工作环境、企业的薪资福利体系是否合理、如何拓宽员工的发展空间、要为员工提供哪些培训以提升技能、参与社会养老统筹计划以提供员工晚年生活保障、关心员工的健康和安全、关心员工的住房和休息等方面的问题进行研究和投入。这些都说明很多初创企业对人才的重视只是停留在口头上。

3. 企业的"家"文化太浓

"兵权要掌握在自家人手里"，这种封建时期统治贯有的思想一直延续到现在。在很多企业，创始人当总经理，这个创始人的兄弟姐妹或者其他亲戚在公司里当副总经理、部门经理或者负责某个关键岗位。还有一种情况也很常见，丈夫是总经理，妻子则是财务经理或者出纳。这些关系背后的意思就是外面请来打工的，再怎么能干，毕竟是外人，重要机密或者重要资源还是要掌握在自家人手里。

这种家庭企业自然很容易形成两个派别，一派是"自己人"，平常是上下级，关起门来是股东、是有血缘关系的一家人；另一派是纯粹的打工者。而且，有时候家族之间、股东之间由于利益的冲突还可以分成好几派，于是公司的人际关系错综复杂。

4. 在人才甄选方面缺乏完善的评价标准

人们常说："铁打的营盘流水的兵。"由于各种各样的原因，创业初期企业员工的流动率是比较高的，招聘变成一个要频繁开展的工作。要想从众多的求职者中找出适合企业的人才，必须要有一套客观的、全面的人才评价标准，创业初期企业在人才甄选方面的误区主要表现在三个方面：

（1）没有将人才招募和企业所处的不同的发展阶段有机结合。企业在发展的不同阶段对人才的要求是不一样的。创业初期我们需要员工能够按照公司的要求完成工作任务，能够和企业同甘苦、共患难，这是最重要的，至于其他方面，比如会不会外语、有没有创新能力等就不需要考虑太多；初创企业很多时候招聘的要求虚高，比如要求应聘者具备本科以上学历，三年以上大中型企业工作经验等，而企业本身所提供的舞台、薪资待遇等又不能满足这一类人才的需求，这样就会导致双方信息不对称，企业一直招不到合适的人才。

（2）注重人才的技能而不是潜能。为了减少培训的成本，初创企业招人，一般选择一来就能用的人。所以注重应聘者有多少年的工作经验，考虑的是招聘到岗后是不是能马上发挥作用；相比之下，并不会认真考察应聘者的道德品质、文化素质、抗压能力等。看重应聘者的工作资历、工作技能而不注重应聘者的潜能，这其实是企业在人力资源上的一种短视表现。常常导致把"才大于德"的人招聘到企业，或者招来的人和企业的文化并不相符合，这部分人的工作动力主要是利益驱动，一旦个人利益和组织利益发生冲突，这部分人往往选择马上离开企业，导致人事不稳定以及企业的损失。

（3）对企业本身的实力不够自信。创业初期的企业规模小、社会知名度低，给人才的待遇、工作的舞台等也不能和大企业比，这使创业初期企业在招聘时缺乏自信。缺乏自信有个最不好的情况是如果应聘者展示了一个比较好的工作经历，企业往往会对应聘者的道德品质、实际能力疏于调查，担心了解太多会导致应聘者不愿意来而草率招聘到岗，委以重任，授于重权，等发现招聘来的人不称职时，企业的管理已经产生混乱，或者管理毫无进展，从而延误了企业最重要的发展时机。

10.1.4　创业初期企业中人力资源的重要作用

人力资源是企业的战略性和关键性资源，其重要作用主要体现在下述两个方面。

1. 企业间竞争的实质是人力资源优劣的竞争

随着生产力和科学技术的迅速发展，企业之间的竞争更加复杂、更加激烈。企业在这种复杂、激烈的生存、发展竞争中，人力资源优劣的作用越来越突出，已成为企业能否获胜的关键。据研究显示，美国1929—1959年内生产力的增长只有13%，是每个工人运用资本、设备的增加所取得的。所以人们认为：发达国家的主要资本，不是有形的工厂、设备，而是它们所积累的经验、知识和训练有素的人力资源。美国钢铁大王卡内基曾自豪地说："将我所有的工厂、设备、资金、市场全部夺走，但只要公司的人还在，企业还在，那么4年之后，我将仍然是钢铁大王。"美国企业经营之神艾柯卡也曾说："只要给我原来的15个人，我可以另外搞一个福特，另外搞一个克莱斯勒。"随着知识经济时代的到来，企业人力资源的优劣在竞争中的作用更加凸显，微软公司的比尔·盖茨和他的软件工程师是公司最有价值的财富，是企业最重要的战略资源，微软在激烈的竞争中大获成功正是"才智至上"理念的最好诠释。由此可见，人力资源优劣在企业生存发展中起着多么重要的作用。

2. 人力资源在企业发展中起决定性作用

生产力包括两个基本要素：一是"人"的要素；二是"物"的要素。任何一个企业要从事物质资料的生产和有关的经济活动，都必须将这两个因素结合起来。但这两个要素的地位和作用并非并列的、等同的，首要的起决定作用的不是物，而是人。这是因为，物是死的、被动的，人是活的、能动的。毛泽东同志曾经说过："世间一切事物中，人是第一个可宝贵的。"一切物的因素只有通过人的因素才能加以开发利用，是人操控机器、设计产品、提供服务、制订战略和决定企业的目标。任何一个企业或组织，没有有效的人力资源，要实现其战略及战略目标是根本不可能的。

10.1.5 企业人力资源管理的职能

企业人力资源管理（图 10.1）的主要职能，或者说要做的主要工作包括以下内容。

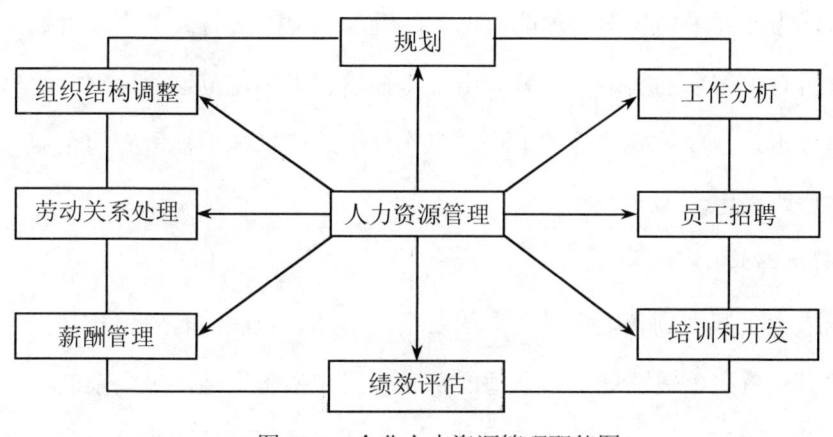

图 10.1　企业人力资源管理职能图

1. 组织结构调整和优化

依据企业的发展战略及其战略目标，分析现有组织结构是否与发展战略相配套，是否与外部环境相适应，包括企业内部上下层级的职权划分和相互关系，内部横向各机构的设置及其职能的划分、各机构职位的编制，各职位的任职者是否符合任职资格要求，员工参与和对员工的授权，员工相互之间的协调程度等。如果发现现有的组织结构不适应发展战略顺利实施的要求，就必须及时地调整和优化组织结构。

2. 人力资源规划

依据发展战略和组织结构调整的要求，分析企业环境变化对人力资源的供给和需求的影响及其状况，并采用科学的预测方法，对企业未来人力资源的需求和供给进行分析和推断，明确各类人员的需求量、内部和外部可能的供给量，制定必要的政策和措施以确保企业在恰当的时间、在不同的职位都能获得恰当的人力资源（包括数量、质量和结构），并使企业和员工都能获得长期利益。人力资源规划能够为工作分析、员工招聘、员工培训和薪酬管理等提供所需信息。

3. 工作分析企业人力资源管理

依据组织结构调整和人力资源规划的要求，确定各项工作的工作职责和任职资格要求，为此要采用科学合理的方法，广泛深入地收集有关工作分析的信息，在整理分析有关信息的基础上，编制出工作描述和工作规范这两份重要的书面文件。工作分析是一项重要的基础工作，工作分析的信息几乎被所有的企业人力资源管理工作所采用。

4. 员工招聘

依据人力资源规划和工作说明书的要求，迅速、合法、有效地找到企业所需要的应聘者。首先，需要选择最合适的招聘方式和招聘渠道，最大限度地吸引应聘者；然后，按照一定的程序，采用科学的方法和手段评估和筛选符合企业要求的应聘者。

5. 员工培训

依据工作说明书的要求和员工的实际状况，需要对员工进行培训与开发。为此，需要确定培训需求、明确培训目标、编制培训计划、实施培训计划、评估培训效果、选择员工培训的方法等，以提高员工的知识技能，改善员工行为，增进员工绩效，最终使企业发展目标和员工个人发展目标得到共同实现。

6. 绩效评估

依据工作说明书的要求，检查和评估员工对职位所规定的职责的履行程度。为此，要在评估原则的指导下，按照预先确定的标准和程序，采用科学的方法，确定员工的工作能力和工作绩效，并把评估的结果反馈给员工，帮助员工明确差距、找到原因、落实行动计划。绩效评估中的有关信息可以运用到企业各项人力资源管理工作中去。

7. 薪酬管理

员工为企业做出了贡献，企业应给予员工酬劳和回报，即薪酬。薪酬由工资、奖金、津贴、红利、股票期权和福利等组成，各组成部分的不同构成又会形成不同的薪酬模式。薪酬管理的范围很广，包括确定企业的付酬原则与策略，采用科学的方法进行工作评价，准确地确定每一职位对企业的相对价值，设计工资结构，确定工资等级和工资范围，设计奖金、福利等其他薪酬形式的制度，对员工薪酬进行调整和控制等。

10.1.6　企业人力资源规划的作用和内容

1. 企业人力资源规划的含义

企业人力资源规划是指根据企业的发展战略、企业目标及企业内外环境的变化，科学地分析和预测未来的企业对人力资源的需求和供给状况，并据此制定或调整相应的政策和实施方案，以确保企业在恰当的时间、在不同的职位获得恰当的人选的动态过程。

人力资源规划是企业发展战略的重要组成部分,也是企业人力资源管理各项活动的起点和依据。企业人力资源规划要和企业整体规划(如企业发展战略、企业经营计划、企业年度计划等)相互配合和支持,同时要和人力资源管理的各项活动(如工作分析、员工招聘、员工培训与开发、员工绩效评估和薪酬管理等)相互协调。

2. 企业人力资源规划的主要内容

企业人力资源规划分为两个层次,即企业人力资源总体规划和企业人力资源各项具体规划。

(1)企业人力资源总体规划

企业人力资源总体规划是依据企业发展战略确定的规划期内人力资源管理的总目标、总政策、实施步骤及总预算的安排。

(2)企业人力资源各项具体规划

1)人员补充规划

人员补充规划是企业根据实际运行的情况,对企业可能产生的空缺职位加以弥补的规划,旨在促进人力资源数量和质量的改善,是企业吸收员工的依据。人员补充规划和人员晋升规划密切相关,因为晋升也是一种补充,只是限于企业内部。晋升表现为人员在企业内部由低级职位向高级职位的补充运动,其结果使职位空缺逐级向下移动,直至最低职位产生空缺,这时内部补充就转化为外部补充。此外,人员补充规划和培训开发规划、人员配备规划也有类似的关系。当然,较高的职位也会有空缺,有时必须从外部劳动力市场以较大的代价方能获得。因此,在企业进行招聘录用活动时,必须考虑到若干年后人员的使用情况。只有在人员的安排和使用上具有前瞻性,才能制订出合理的人员补充规划,使企业在每一发展阶段都有恰当的人选胜任各个职位。

2）人员晋升规划

人员晋升规划就是根据企业的人员分布状况和层级结构，拟订人员的提升方案。晋升规划一般用晋升条件、晋升比率、晋升时间等指标来表示，这些指标是晋升规划的主要内容，任何指标的调整都会使晋升规划发生变化，并对企业成员的心理产生不同的影响。

企业的晋升规划是分类制订的，每一类都可以用指标清楚地表示出来，晋升规划的具体形式是多种多样的。企业的晋升规划应该慎重制订，否则会对平等竞争和经营效率造成不良影响。

3）培训开发规划

培训开发规划的目的是通过企业的努力，一方面使企业的成员更好地和当前工作相适应；另一方面为企业的未来发展储备后备人才。据报导，著名的IBM公司对逐级推荐的5000多名有发展前途的员工分别制订培训规划，投入巨额资金，根据可能产生的职位空缺和出现的时间，对这些人员分阶段有目的地加以培训。这样，当职位出现空缺时，人员培训已经完成。培训开发规划与人员晋升规划、人员配备规划以及个人职业生涯规划密切相关。这些规划之间的互动使培训的目的性更强，能够调动员工参加培训的积极性，提高培训的效果。

4）人员配备规划

企业员工在未来职位上的安排和使用是通过企业内部人员有规划的流动实现的，这种人员流动规划称为配备规划。配备规划的作用是：①当企业要求某种职务的人员同时具备其他职务的经验或知识时，就应使之有规划地流动，以培养高素质的复合型人才；②当上层职位较少而等待提升的人较多时，通过配备规划进行人员的水平流动，可以减少他们的不满，等待上层职位空缺的产生；③在企业人员过剩时，通过配备规划可以改变工作分配方式，对企业中不同职位的工作量进行调整，解决工作负荷不均的问题。

5）薪酬激励规划

薪酬激励规划对于企业来说，一方面是为了将企业人工成本与企业经营状况维持在一个合理的水平上；另一方面是为了充分发挥薪酬的激励作用。企业未来的薪酬总额取决于企业内员工不同的分布状况和工作绩效。企业通过薪酬激励规划可以在预测企业发展的基础上，合理地控制薪酬提高的幅度，优化中高层次职位的数量；确定未来时期内的激励政策，如激励方式的选择、激励倾斜的重点等内容，以充分调动员工的积极性。

6）员工职业生涯规划

员工职业生涯规划有两个层次，即个人层次的职业生涯规划和企业层次的职业生涯规划。个人层次的职业生涯规划是个人为自己设计的成长、发展和不断追求满意度的规划。企业层次的职业生涯规划则是企业为了不断增强其成员的满意度，通过双向协调，使企业成员个人的成长、发展与企业的需求、发展结合起来的规划。企业人力资源规划中的职业生涯规划是指企业层次的职业生涯规划。通过职业生涯规划，能够把员工个人的职业发展和企业需要结合起来。因此，这项工作对于个人和企业都非常重要，特别是对于有发展前途的员工，企业要设法将其保留下来，使其成为企业宝贵的财产。为了防止这部分员工流失，就必须有规划地使他们在工作中得到成长和发展。企业如果不能满足个人发展的要求，就会导致人员的流失，这是企业要加强员工职业生涯规划管理的原因。此外，企业人力资源规划还包括劳动关系规划、退休解聘规划等。

10.1.7 人力资源管理和人才储备

创业初期企业在人力资源管理上的弊端是阻碍企业度过创业期进一步发展的主要障碍，仅仅认识到这些问题是不够的，只有针对这些问题制定合理的人力资源战略才能保证创业的道路走得更久。本章一开始就提到，初创企业的人力资源往往薄弱。人力资源是指具有智力劳动能力和体力劳动能力的劳动者，他们能推动整个社会和经济的发展，因此创业企业的竞争归根到底是人才竞争。人力资源管理是大学生创业初期的基础，大学生创业企业人力资源一般包含市场人员、管理人员、技术人员、销售人员，但是大学生创业团队的形成具有很强的随机性，经常老板即管理者，因此也存较多的问题。这是受企业自身能力和条件所限，所以如何更好地最大化使用既有人才资源，不只是初创企业，也是成熟企业领导人的思考方向。本章也是赞同这种观点的，但是还想更加完善它，在对华为、百度、海底捞等几个在人力资源管理上有非凡成就的成功企业进行研究后发现了一个规律——人力资源成本是最低的管理成本。

1. 功能和定位

有效的人力资源管理应具备以下三个功能：

（1）人力资源基础管理

企业人力资源管理的基础管理能否成功支持企业经营活动，在于对每一个环节的细节操作把控。基础管理的内容很多，包括人事管理制度、招聘选拔、入职管理、入职培训管理、考勤管理、绩效考核管理、工资核算管理、奖惩管理、离职管理、劳动合同管理、人事档案管理等，这些方面的每一个细节出现漏洞，都会使阻碍企业经营活动的事件发生。因此，好的人力资源管理首先要把这些基础管理的细节操作把控好。

（2）支撑企业经营发展需要

人力资源管理系统要和本企业经营业务相匹配，在发挥基础性作用的同时努力地追求高效率。

（3）辅佐战略目标的达成

人力资源战略的终极目标便是要支撑公司发展战略目标的实现。如果本企业的基础管理出现风险漏洞，或者说没有预防和管理好；与企业经营业务匹配的人力资源管理效率没有体现出来；辅佐企业家的企业发展战略没有成功达成。那么，就不可能在这个位置上做出"优秀的管理业绩"。

2. 人力资源管理体系建立原则

（1）意愿培养和技能培训。

（2）人才筛选、聘用和提拔科学化和平等化。人才的筛选聘用一定要把握科学原则，无论是现用还是储备人才，都应从服务战略发展目标的大局着眼，科学招聘和使用人才；平等化，一是指人才提拔要做到任人唯贤，而非任人唯亲。因为企业招人的目的是做事，做成事，而非"坏"事儿。当然举贤也要不避亲。

（3）要给外部优秀人才进入企业提供机会和发展空间。尽量避免"元老级人物"的概念，不要使外来人才只能把时间和精力用在处理"人际关系"上。

（4）要以人为本，在优胜劣汰的激励机制和培养员工主人翁意识之间寻求平衡点，保留竞争意识的同时尽量降低人才流动性。

（5）因人制宜，灵活掌握用人方式。

（6）从企业发展战略着眼，做好人才储备工作。

3. 人力资源管理的四象限法则

通过对人力资源管理理论的研究，在具体管理层面，有很多方法和工具对实践都会有一些指导意义，比如四象限管理法，如图10.2所示，四象限管理法通过对数轴的运用，以技能和意愿高低为核心，把企业人才划分为四个类型，针对他们的不同特点因人制宜，最大化发挥人才作用。

（1）类型一：高意愿、高技能

这一类型是当之无愧的"精英"。他们在自己的专业领域可以无限地创造价值，可以成为企业发展的中流砥柱。因此，对于这类人才，除了要在公司决策层面把握整体外，还要赋予其适当的决策权力。将在外，军令有所不受，但非放任自流。放权，是为了让这些精英在专业领域最大化创造价值，不完全放权，是为了其在行进中不至于迷失方向，与公司整体战略产生背离。

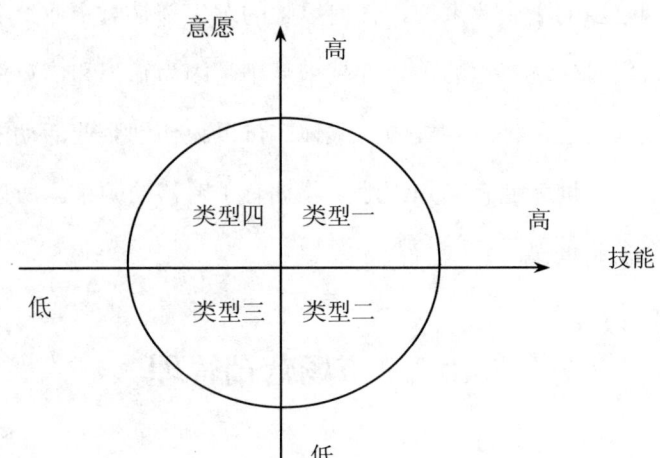

图 10.2　人力资源管理四象限图

（2）类型二：低意愿、高技能

这类人在专业领域有旁人无法替代的优势，但是，他们的短板是缺乏价值认同感和工作主动性。对于这类人才，首先，公司管理层要与其增进交流，尽力提高其工作积极性；其次，实行目标责任制、激励机制、薪水和职位挂钩等。

（3）类型三：低意愿、低技能

每个团队总会有这么几个人，没有工作积极性，没有很强的工作能力，没什么专业技能，同时对薪水要求也不高。对这类人，要明确地给出工作指令和工作内容，事无巨细，一一交代。也是能发挥其一定作用的，毕竟每个企业都有大量的基础岗位需要用人，低成本是这种类型人才聘用的最大动力。

（4）类型四：低技能、高意愿

工作积极性极高，但是工作经验不足或者专业技能较低。这样的人才往往会是企业的主流。意愿高所以进步快，可以作为人才储备的目标。要掌握其所擅长和感兴趣的领域，有针对性地对其进行培训和锻炼，假以时日，也将会成长为中流砥柱。

创业是一个艰辛而漫长的过程,风险则伴随着创业活动的整个过程而存在。对于一个刚刚起步的小企业来说,任何风险的发生都是对企业致命的威胁。在知识经济时代人们对传统资源的依赖性越来越小是因为知识和信息成了企业最重要的资源,而人则是这两种重要资源的载体。可以说初创企业活动的主体都必须是人。谁拥有了人才谁就拥有了知识池,就拥有了财富的源泉。所以人力资源才更应该引起初创企业重视。

10.2 市场营销管理

在经济危机的大环境下,一个初创企业要想实现长期、稳定的发展,就必须对自身的市场营销管理进行及时、有效的创新。当前,国内企业的营销模式及活动内容必须在市场环境与要求下展开,所以说企业营销管理的创新除了体现在营销渠道方面,在营销观念、营销手段等方面也应有所体现。

⇨ 案例

万达与顺丰为何玩不转创业

2017年12月28日,据知情人士透露,万达网络科技集团从当天开始大规模裁员,据称要从6000名员工裁减至300名,即只保留职能部门,这意味着网络科技人员将从最高峰削减95%。这一消息意味着万达第四次转型遭遇重大危机。万达科技作为第四次转型的旗舰项目,旨在建立"实业+互联网"大型开放型平台公司,其旗下拥有飞凡信息、快钱支付、征信、网络信贷、大数据等公司,运用大数据、云计算、人工智能、场景应用等技术为实体产业实现数字化升级,为消费者提供生活圈的全新消费服务。这样的重大新闻本应在业界掀起巨大的波澜,但也许因为正值元旦前后,也许是因为公关举措比较到位,这个消息没有引起业界广泛关注。无独有偶,2014年顺丰红红火火的嘿客项目,扛起了当年最火O2O的大旗。然而,这个光辉四射的项目苦苦挣扎了两年多,在累计亏损50亿元后,悄悄关店了事。作为行业巨头,万达与顺丰缘何在主营业务上披荆斩棘、无往不胜,在新的创业项目上却遭遇重创?大企业玩不转创业,这几乎是常态。关于大企业玩不转创业的原因,网上的解释多半是这些传统企业无法适应互联网时代的规则。这其实只是表象,不仅是互联网转型容易失败,实际上,只要进入任何不确定的新领域,传统大企业都容易失败,这个失败不是互联网带来的。承认无知,是智慧而不是懦弱,那些不懂装懂的傲慢,将会葬送组织的未来。大企业创业,必须破除对成熟业务管理模式的路径依赖。事实上,导致大企业玩不转创业的原因之一是大企业在创业项目中,简单粗暴地套用了成熟业务的管理模式。简单来说,就是管理的路径依赖。大企业往往对主营业务的管理形成了一套行之有效的办法,这些企业经理人便不免将这些管理模式哲学化,并认为这样的模式是放之四海而皆准的。这样的模式对于确定环境、有成熟市场和以渐进式创新为主导的大企业有效,但对于不确定环境的创业项目来讲,简直就是毒药。大企业玩不转创业,就不难理解了。可以肯定地说,越是成功的大企业,越难以玩转创业。

管理路径依赖型大企业创业,通常会犯以下七大错误。

1. 误将未经验证的假设当作战略

面对互联网对传统行业带来的强烈冲击和巨大机会,大企业那些身经百战的老板们自然会提出自己关于新业务的想法,只是这些想法在未经实施和验证之前,都只是假设而已。大企业往往采用的是刚性的执行体系,没有质疑和验证的程序。这样一个未经验证的假设,通过传统业务强大的执行系统,一夜之间就会被贯彻下去。顺丰的嘿客就非常典型。顺丰凭借强大的执行系统和资源投入能力,半年之内就开了3000家门店,当年可谓吸睛无数。但可怕的是,这样的业态未经任何验证。

2. 误用产品开发模式

成熟业务面对确定的产品和确定的市场,比较容易获得产品创新的需求,因此采用渐进式开发模式,中间较少和客户互动。创业公司往往需要打造全新的产品体系,这就需要在产品开发过程中,持续地和用户进行沟通与验证。甚至在产品尚未开发的阶段,就要对创业的点子、产品概念原型进行验证,然后快速推出最小可用原型产品,在比较狭小的客户群体内进行测试。但大企业往往不了解创业公司产品的开发流程,盲目照搬大企业针对成熟产品的开发模式,结果浪费了大量时间,开发出来的产品却无法满足市场需求。

3. 误用成熟业务的市场营销体系

很多大企业都很擅长传统的市场营销方式,产品上市后,针对广泛的客户群体采取大规模的广告策略,或者借助于大量的分销渠道,一夜之间铺货。可是,客户对创业项目的产品毫无认知,客户要接受产品需要经过一个独特的群体心理转变过程。产品初上市,一定要聚焦在一个范围有限、高度刚需的空白市场中,待形成口碑后,再利用口碑进入主流市场。大多数人购买新产品,靠的不是广告,而是朋友的口碑,口碑就是市场增长的势能。传统的营销针对广泛市场的高举高打的模式,往往无法在局部形成口碑,无法凝聚引发市场高速增长需要的势能。好产品碰上了坏市场策略,也同样无法成功。

4. 误用成熟业务的团队组建模式

大企业创业在组建团队阶段,往往将内部在传统业务上成绩卓越的人调到创新部门,或者从跨国公司寻找成绩卓著的职业经理人。问题是这两个人群都是成熟业务管理和执行的好手,对于如何开创一个新业务,可能毫无经验。他们的大企业思维和行为模式,反倒加速了创业公司的失败。

5. 误用成熟业务的评价方式

成熟业务关注营业额、利润和投资回报率，但如果过早地给创业项目扣上盈利的目标，创业项目就被迫在商业模式没有得到验证的情况下盲目扩张，一旦形成规模，发现错误再进行转向，代价极大。很多项目因经不起这样的震荡，中途夭折。

6. 误用成熟业务的投入模式

大企业投资项目，往往是大手笔的。这对成熟业务而言，是可行的，但是对于创业项目，这样的投入模式往往有百害而无一利。在产品和商业模式不成熟的时候，大规模的投入增加了盲目扩张的压力和冲动。用钱堆积起来的早期虚假数据随着烧钱能力的下降而尘埃落定，才发现根本没有一个黏粘性的产品和可持续的商业模式，这时候又进入另一个极端，关店、裁员、缩编，大多数业务就此销声匿迹。

7. 误用成熟业务的文化体系

成熟业务之所以成功，往往都基于强大的文化，这些文化强调对战略的无条件执行，强调细节，强调稳健等。这样的执行型文化对于成熟业务是可行的，但对于探索期的创业项目却是有害的。创业期的项目，需要对任何所谓的战略进行质疑和验证，强调模式的探索，强调开放和创新，这样的探索文化很难在强大的执行型文化中生成。七大错误一言以蔽之，就是对成熟业务管理模式的路径依赖。无论在老业务上多么成功，大企业面对创业项目也是一个初创企业。在一个本来就不清楚的市场上承认无知是智慧而不是懦弱，那些不懂装懂的傲慢，葬送的不是一个创业项目，而是组织的未来。

10.2.1 企业市场营销过程中出现的问题研究

1. 大多数企业的创新意识不足

目前，国内绝大部分企业不管是在经营方式还是经营观念方面均秉持着经济效益为先的理念，从而忽略了市场效益与营销管理模式的创新对企业社会经济效益的作用。当前，国内企业营销观念较为滞后的主要原因是企业内部的管理者缺乏对营销方针的指导思想，进而在很大程度上阻碍了企业的快速发展。此外，各企业在开展市场营销工作的时候，往往会存在由于营销体系不健全而造成营销效果不尽人意的情况。大部分企业的营销形式均是从部分国外企业的营销模式中参考和借鉴而来的。然而，在实际运用的时候严重忽视了我国的基本国情与市场经济环境，如此一来便会造成此类"生搬硬套"的营销模式难以满足国内市场的基本需求，在信息化的新经济时代，我国各企业若依旧墨守成规、一成不变，坚持过时的营销理念，则很可能造成企业的发展与进步速度受到不利影响，也可能由于企业长期的封闭式经营，造成大多数企业的国际竞争力无法获得有效提升，难以走向世界舞台。

2. 企业创新管理方法过分追求表面形式

现如今，我国大多数企业对于营销的创新管理方法太过注重表面形式，大部分仅仅是表面功夫，对那些深刻的内涵与意义却并未多加重视，这就造成了国内许多企业的市场营销创新管理一直得不到应有的发展与进步。与此同时，我国不少企业对营销管理模式的创新管理工作缺乏足够重视，部分企业只是一味地生搬硬套，此形式除了可能会造成另外一些企业盲目地模仿和借鉴，最终还会造成国内企业总体发展水平无法得到快速的提升。

10.2.2 加强企业市场营销创新管理的有关措施分析

1. 不断更新企业关于营销管理的思想理念

对于每一个国内企业来说，尤其是正处于创业发展时期的企业，最为关键的便为努力构建起一种能够满足现代市场经济发展的营销管理形式，而满足现代市场经济发展的营销管理形式本质上是以企业产品质量与自身的服务水平为基本载体,然后把企业产品价格策略当作辅助工具,更好地面对市场经济带来的机遇与挑战,最终在我国市场中形成自己的竞争优势。伴随着科学技术的飞速发展,越来越多的先进技术被运用到企业的市场营销管理工作当中,由于市场产品的价位以及质量存在显著差异性,利润与成本间的差异也逐渐变小,甚至许多产品的成本金额与利润金额渐趋平均化,进而令目前各企业产品间的竞争逐渐由价格竞争演化为款式、包装、品牌以及营销策略等附加价值的竞争。

2. 对企业市场营销管理进行创新的有效措施

(1) 企业产品促销策略的创新管理

企业产品促销策略的创新是企业市场营销创新管理当中的主要手段之一,由于国内企业产品成本金额与利润金额两者间的差异慢慢缩小,甚至有很多产品的成本与利润渐趋平均化,因此这些企业无法在产品的利润当中发掘经济效益,反而需要依靠数量优势来增强企业自身产品的经济效益。比如说,各企业可以借助定期举办产品促销活动的方式,像满599元立减299元等,如此一来可以间接地提高各类产品的输出量,进一步给企业带来更高的经济收益。

(2) 企业产品营销模式的创新

众所周知,原有的企业产品营销模式通常是在某个特定的场合、特定的时间段里,和广大消费者进行面对面的交易,然而此类市场营销模式具有一定程度上的局限性。在当前的网络信息化时代背景下,企业选用创新性的产品数字化营销模式,可以在很大程度上调动起企业自身的一切资源,进一步对企业产品进行到位的市场营销管理,与此同时,借助此互联网营销手段,有助于企业社会经济效益的迅速提高。

(3) 企业产品营销手段的丰富与革新

企业营销模式的革新一般情况下可以分为实施关系的营销与互联网营销,企业采取这两种市场营销模式,可以给企业的可持续性发展战略目标的达成奠定坚实的基础，进一步为企业在日益激烈的市场竞争中扎稳脚跟、获得一定的竞争优势提供有利保障。

（4）企业产品营销方案策略的创新

现阶段，企业产品营销方案策略的创新包含诸多方面的内容，在国内企业产品营销管理战略之中，企业产品营销方案策略的创新具有至关重要的影响。由于目前互联网与互联网经济早已渗透到了我国的市场经济当中，并且正慢慢将企业产品的内涵进行持续不断地改变与外延，企业的各类产品当中涵盖了诸多理论知识与科学技术，换句话说，我们不可简单地把企业产品作为一件商品，而是应当把企业的理论知识与科学技术融入到企业产品的营销范畴内，进一步为广大消费者提供更具企业文化、内涵，独具个性与特色的产品。

（5）企业产品价格营销的创新

企业产品价格营销的创新同样是企业市场营销的关键管理目标之一，在信息化时代背景下，那些原有的市场营销模式会在很大程度上受到地域等方面的限制，因此在产品营销环节中必然会出现很多问题，然而若是将互联网科技充分应用于市场产品营销过程中，便能够促进传统营销形式地域性、局限性、容量小等一系列限制性要素的消除。另外，在当前的社会时代环境中，买卖双方均可以通过搭建一个虚拟平台把产品的具体参数转变成互联网数据，同时消费者能够在任意环境、任何时间与地点对自身想要了解的产品展开检索，借助对多家产品价位、质量、服务等方面的比较权衡，最后挑选出性价比更高的产品，也正是由于消费者对产品价位的敏感度很高，进而造成了不少企业无法借助互联网平台给广大消费者提供一个多元化的价格平台。

（6）企业产品分销策略的创新

在信息化的时代环境下，买卖两方可以通过一个虚拟的互联网平台建立联系并实现交易，国内企业若想在当前形势下获得更加稳定、持续的发展，就应当加强产品分销策略的创新力度,同时借助互联网另辟蹊径,从而给企业产品的分销提供更加有利的保障。具体而言,即各企业可以借助某些虚拟化的互联网平台,包括淘宝、京东、天猫、苏宁易购等平台实现交易,此类分销模式可以在很大程度上增强企业产品的营销效果,也有利于拉近企业和消费者的距离,及时简便地为广大消费者解惑答疑,提早掌握消费者的思想,借助互动性较强的平台分销模式,给企业市场营销带来更多的经济效益,提高企业市场营销创新管理水平。

总而言之,当前国内企业市场营销的创新管理势在必行,尽管国内企业在此方面仍旧出现了不少亟待解决的问题,例如,企业自身的创新意识不到位、创新管理方式仅仅停留在表面等。只要及时更新国内企业的营销理念,对产品营销方案、产品促销与分销、营销模式与手段等进行持续不断的创新,便可以有效地增强企业市场营销管理的总体水平,最终为企业经济效益与市场竞争力的增强提供有效保障。

10.3 企业财务管理

"双向选择,自主择业",在这种就业背景下,越来越多的大学生走上了自主创业之路,实现自我价值。国家和各级政府出台了很多优惠政策鼓励大学生积极创业,教育部、劳动与社会保障局、各大高校等都给大学生创业营造了好的创业环境,社会风险投资机构也对大学生创业有进一步的关注和支持。但是大学生创业过程中还是存在很多显然的制约因素,其中最主要的因素之一就是缺乏对财务的管理。财务管理简单地说就是组织企业财务活动,对财务关系进行处理的经济管理工作。它是企业管理活动的一项重要组成部分,主要负责企业的筹资、资金营运及利润分配等问题的处理与解决。

10.3.1　财务管理的概念

财务管理是一个企业发展过程中重要的组成部分，是对企业内部的资金进行合理的管理，使企业实现最小投资、最大收入。除此之外，财务管理还在企业融资、利润分配、资金流动等多个项目中发挥重大作用。财务管理在企业管理过程中追求"五大化"，分别是：利益的最优化、股东最大化、产业具有的产值最优化、企业价值最高化、利益相关方利润的最大化。财务管理是企业的重要组成部分，对企业的发展与规模的扩大具有重要作用，尤其是对于刚步入正轨的企业，财务管理显得十分重要。

10.3.2　财务管理在大学生初创企业中的重要性

财务管理是企业管理活动最重要的组成内容，财务管理有反映和管理两种职能。财务管理分为：财务记录、财务分析、资金调配、风险控制四个环节。由于大学生在创业初期往往对财务管理认识不足，将重点放在产品的开发与经营上，忽视了财务管理在企业中的重要性，以至于成为大学生创业失败的主要原因之一。财务管理的主要功能如下所述。

1. 财务管理具有最全面的反映职能

通过对企业生产经营的一系列活动以货币的形式表现出来，形成财务报告，然后通过对财务报告的分析，可以反映出企业发展战略正确与否，反映产品在市场上是否有销路，反映人力资源调配是否得当，反映生产管理是否最有效，反映营销战略是否适合等。简而言之，财务管理的反映职能就像企业经营的成绩单，将企业运营的方方面面都以货币的形式在财务报告上反映出来，人们从财务报告的这个"点"，可以观察到整个企业发展的整个"面"。

2. 资金筹措和调配

资金是企业发展的最核心资源。现代经济社会的竞争中，从某些层面来说，资本已经超越了产品本身，成为企业经营的最核心竞争力。对这一核心资源的调动、分配和管理：资金流充裕且运用得当，企业经营有蓬勃发展的基础；资金流断裂或者资金使用不当，会造成企业的巨大损失甚至是灭亡。史玉柱的"巨人"大厦的轰然倒塌，便是因为资金链的断裂。

3. 财务管理优化初创企业投资决策

小心驶得万年船，企业的内外部环境都不是一成不变的，企业的生存和发展受诸多的不确定因素的影响，风险的出现通常出其不意，让人防不胜防。对企业来说，唯有以不变才能应万变。这里所谓的"不变"指的就是建立合理的风险管理机制，通过持续不断的财务管理，来防范风险、发现风险、应对或规避风险、最终化解风险，使企业能平稳地经营下去。

10.3.3 初创企业财务管理存在的问题

虽然大学生创业具有一定的有利环境，但是由于他们在创业初期存在经验不足、意识偏差等问题，而疏忽了对企业财务的管理，导致创业成功率低，总结起来主要存在如下问题。

1. 对创业资金估计不足，企业缺乏流动资金管理

创业初期面临的一个最大问题就是资金问题。由于很多大学生缺乏经验，在缺乏对市场细致调查的情况下，对项目资金进行了一个大致的估计就开始启动项目。殊不知，公司一开张做什么都要花钱，但是进账之前没有一个创业花钱的前期计划，没能注意节约成本，控制好一个时间段的开支，往往容易造成资金不足，企业开业没多久就背上了资金缺乏的包袱。反之，有些企业却又出现资金闲置，造成资金浪费的现象。

2. 公司缺乏基本的财务制度，缺乏专业的会计

创业之初，在财务的管理上公司陷入比较尴尬的境地。第一种是缺乏财务管理意识，创业者重经营轻管理，尤其是财务的管理。比如说会出现个人说了算、对人不对事、任财务唯亲等诸如此类的现象，财务制度不健全，财会人员不专业，这导致财务人员无法利用公司的会计资料为公司制定财务战略决策；第二种是对财务管理有清晰的认识，能认识到它的重要性，积极聘请专业的会计，但是新创的公司在实际运作中，财务量少而简单，导致财务人员由于无事可做或者觉得没有挑战性而出现频繁的更替现象；第三种是请代理记账公司的人员代理记账，但是由于代理记账人员或是新手，或是一人服务多人的原因，代理记账只是完成记账这一事情，并不会对公司的会计资料进行汇总分析，更别说帮助公司制定财务战略决策。

3. 融资的渠道单一，资金投入多，产出少

大学生创业由于资信水平低、偿还债务的能力弱，同时又缺乏相应的资产抵押，以至于很难获得银行贷款，资金的来源主要是创业者自有资金和各种风险投资。利润最大化是每个企业财务管理的最终目标，但是由于上述的种种原因，银行即使同意贷款也会因为高风险而提高银行贷款利率，从而提高了筹集资金的成本。企业成立之初，由于产品质量暂未稳定，商场销售渠道还有待打开，因此现金的流出很容易超出现金的流入。

10.3.4 解决初创企业财务管理问题的几点对策

1. 细化明确分工，确保提高工作效率

初创企业资金比较紧张，但应尽量设置完善的工作岗位，特别是与财务部门互不相容的关键岗位，必须配备完善，有利于企业长远发展。其次，企业要细化明确分工，确保工作到人，有利于培养部门感情，提升员工满意度和工作效率。

2. 拓展融资渠道，增强资金管理能力

初创企业首先要发挥主动性，通过多种形式来融资，如票据贴现、融资租赁、卖房信贷等，积极应对资金不足的问题，并对资本积累加以重视，减少依赖银行贷款。其次，做好投资、筹资决策，有效使用资金，尽量让资金增值。最后，每笔资金收付的时间要做好记录，做到心中有数，用活资金，比如提升存货周转率，最大程度提升资金使用效力。

3. 完善成本控制，提升管理决策水平

企业要全面建立成本分析体系，提供全面的相关资料；会计人员要提升自己的素质，科学做好企业成本分析、预测、控制、业绩评价等工作。第一，企业采取合理的低成本策略，做好成本费用管理；充分利用国家的政策优惠，做好税收筹划工作。第二，走制度化和规范化道路，成本管理中应用额定管理制度，做到计量、价格、质量标准化，便于控制预测，提升管理决策水平，提升企业竞争力。

4. 科学合理分配，促进企业可持续发展

企业要做好最优目标利润方案，综合分析产品价格、成本、结构等，合理制定目标利润。其次，优化资源配置，降低成本，并不断扩大产品规模，提高企业收入水平。再次，站在前瞻性角度来分析利润，促进资本结构化，保持投资者利润稳中有升。这样既能为企业资金流的畅通提供保证，也能激发员工的热情，提高投资者满意度。

10.3.5 财务管理体系构建应掌握以下原则

1. 建立畅通的汇报机制

财务管理既然对企业经营有如此重要的反映职能，那么就要最大化发挥它的作用。要将信息及时向上汇报，报告要符合相关法律规章制度。会计的核算方法要符合国家相关法律规章制度，记录内容要客观真实。这是企业规避税务风险的根源。报告要准确、简洁，易于理解，主次分明。对内部管理来说，财务报表是给决策者和投资人看的。首先要让他们看懂，才真正有助于决策。很多刚刚创业的老板可能并不懂财务，对于会计提交的财务报表及分析并没有耐心细看。有时候会忽视了问题或风险，或者他们更容易从密密麻麻的专业术语信息中得到错误的结论，从而不能真正发挥财务管理的作用，最终作出不正确的决策。

2. 加强财务会计制度的建设

初创企业要按照科学规范、职责分明、监督制约、账务核对、安全谨慎和经济有序的原则建立严密的财务会计控制制度。会计记录、账务处理和财务成果核算等完全独立，并且严格按照企业财务会计制度规范进行，保障财务、会计信息的完整性、准确性、客观性与有效性。

3. 加强组织结构和人员控制

按照决策系统、执行系统、监督反馈系统相互独立、相互制衡的原则进行财务内部控制组织结构的设置。创业企业投资者和管理人员应在其职责和权限范围内行使职权，做到高效、有序；企业内部监督系统应建立各项业务风险评价、内部控制状况的检查评价的处罚制度。创业企业的决策及高层管理人员的能力、品行、资力和稳定性，关系到创业企业的安全和发展，因此有必要建立其控制制度，特别是财务安全与风险控制制度，可以让决策及高层管理人员科学可靠地承担起财务安全与风险控制的责任。

4. 保持资产流动性

企业资金流转总是周而复始地进行的，因此流动性是企业的生命，缩短应收账款周转期以保持良好的资产流动性。创业企业应降低整体资产中固定资产的比重，这样就可以大大降低产品中固定成本所占的比重，降低企业的经营风险和财务风险。

5. 资金调配和融通

在资本运营高度发展的今天，充分利用资金的杠杆效用无疑是企业击败竞争对手的利器。

10.3.6　解决大学生初创企业财务管理问题的几点对策

财务管理有助于企业的发展。财务管理是大学生创业初期的薄弱环节，是限制企业做大做强的瓶颈。对于初创期的大学生管理者而言，缺乏相关的创业知识和创业实践，财务管理的水平低，会计基础工作薄弱。通常他们简单地把财务工作看作一种记账手段，不能很好地分析和利用会计信息，对财务也没建立科学的管理理念和做法，比如在筹资成本、投资风险、赊销商品等方面存在一些不科学的做法，导致筹资成本高、投资风险大、赊销坏账多等阻碍企业发展的结果。大学生初创企业，规模小，融资的渠道窄，抵御风险的能力差，如果提高企业财务管理水平，可以合理安排资本结构，制定科学合理的财务战略决策，降低投资风险，优化资本结构，提高初创企业的融资能力。

（1）高校应加强大学生创业教育，培养学生的创业意识，构建相关知识体系。大学生创业不成功的原因虽然很多，但是没有创业的相关知识和创业实践是其最主要的原因。所以高校应该加强大学生创业方面的教育，增强学生的创业和企业管理能力。在讲授财务管理的同时，理论联系实际，增加创业的实例，增加风险投资、创业管理内容的培训，让学生在学习的过程中重点领会行业与市场、融资计划、财务预测、财务管理、风险控制等内容。同时建立创业中心等组织机构，将学生导入创业的环境，为学生提供一个与企业家、风险投资人、发明家、政府官员等各类人士沟通交流的平台。

（2）加强学习，重视财务管理工作。财务管理是企业管理的核心，只有明确它的重要性，加强企业财务管理才能满足新形势下创业的需要。创业者要改变对财务管理的盲目性、随意性，对财务管理要有一个明确的概念，要将企业财务管理与家庭财务管理分开，建立科学合理的财务管理制度，比如财产清查制度、成本核算制度、财务审批制度等。另外大学生创业者也需要加强财务管理知识的学习，不能仅仅将财务工作当作一种记账的手段，要学会分析利用会计信息，只有懂规则、懂专业知识才能有效地进行公司财务管理，进而为公司作好财务战略决策。与此同时，大学生创业者还要着手培养专业的财务管理人员，提高全体员工的法制意识，加强员工的法制观念，让员工在企业管理中发挥参谋和决策的作用。

（3）多方拓展融资渠道，降低企业融资成本。资金是企业的血脉，从根本上保证了企业的可持续发展。创业型企业的融资渠道相对于其他企业而言要少、难度更高。创业型企业具有创新性强、规模较小、产品生产周期长等特点，这些特点决定了要制定适合它的融资渠道及策略。以风险投资为例，它主要是指向初创企业提供资金支持并取得该公司股份的一种融资方式。一般来说，风险投资都是投资于拥有高新技术的初创企业，这些企业的创始人都具有很出色的技术专长，但是在公司管理上缺乏经验。通过风险投资，在较强的技术知识背景下能够帮助他们很好地理解高科技企业的商业模式，并且能够帮助创业者改善企业的经营和管理。所以适合企业的融资渠道和策略不仅可以给企业带来合理的资金，更可以给企业迎来一批管理人才，打造创业型企业的完备人才结构。